高速铁路综合维修一体化作业实用手册

黄永胜　陈发年◎主编

欧燕强　韦泰奎
唐济东　孙卫红◎主审

中国铁道出版社有限公司

2024 年·北京

内 容 简 介

本书详细讲述了高速铁路综合维修一体化作业生产计划编制、联合作业方案编制等内容，利用 Cinema 4D、Octance 等软件搭建高速铁路工电供专业基础设备设施 3D 模型并制作视频，使复杂设备立体化、作业流程可视化。

本书共 5 章，包括高速铁路综合维修一体化生产计划流程、高速铁路综合维修一体化联合作业管理、高速铁路综合维修一体化应急处置、高速铁路综合维修一体化作业现场防护、高速铁路综合维修一体化作业组织。

本书适合高速铁路基础设施段设备维护人员学习，也可供相关管理人员和各类型职业院校师生学习参考。

图书在版编目(CIP)数据

高速铁路综合维修一体化作业实用手册/黄永胜，陈发年主编. —北京：中国铁道出版社有限公司，2024. 4

ISBN 978-7-113-31096-7

Ⅰ. ①高… Ⅱ. ①黄… ②陈… Ⅲ. ①高速铁路-铁路线路-维修-手册 Ⅳ. ①U216. 42-62

中国国家版本馆 CIP 数据核字(2024)第 054201 号

书　　名：**高速铁路综合维修一体化作业实用手册**
作　　者：黄永胜　陈发年

责任编辑：李嘉懿　**编辑部电话**：(010)51873147　**电子邮箱**：liy_jtu@163. com
编辑助理：李嘉圆
封面设计：刘　莎
责任校对：刘　畅
责任印制：高春晓

出版发行：中国铁道出版社有限公司（100054，北京市西城区右安门西街 8 号）
网　　址：http://www. tdpress. com
印　　刷：天津嘉恒印务有限公司
版　　次：2024 年 4 月第 1 版　2024 年 4 月第 1 次印刷
开　　本：787 mm×1 092 mm 1/32　**印张**：4. 25　**字数**：78 千
书　　号：ISBN 978-7-113-31096-7
定　　价：45. 00 元

前　言

为适应我国高速铁路高质量发展，提升高速铁路基础设施运维质量和效率，中国国家铁路集团有限公司实施了高速铁路基础设施段综合维修生产一体化改革，推行一体化，强调专业要分工，既要清晰，又要融合。融合是指资源可以统筹调配管理，天窗可以共同利用，但涉及的专业工作必须由具备专业技术素养的职工来完成，其他专业人员做配合辅助工作。

本书基于中国铁路南宁局集团有限公司高速铁路基础设施运维特点，结合生产计划编制、联合作业方案编制、应急处置、现场防护、作业组织等多个高速铁路综合维修一体化作业项目，利用 Cinema 4D、Octance 等软件搭建高速铁路工电供专业基础设备设施 3D 模型并制作视频，将复杂的设备立体化、作业流程可视化，提升作业人员学习的多维感官体验，便于跨专业学习、借鉴、使用，实现知识的共享，为高速铁路综合维修一体化培养更多专业复合型人才，提升高速铁路基础设施运维质量。

本书由中国铁路南宁局集团有限公司黄永胜、陈发年主编，欧燕强、韦泰奎、唐济东、孙卫红主审，参加编写人员：吕永红、徐丽娟、苏光霖（第一章），乔思齐、班华明、李瑜、王思思（第二章），潘宏磊、黄宇婧、徐荣、陈秋连（第三章），俸香园、唐忠宇、刘少博（第四章），张玉飞、伍婕、廖满红（第五章），邹明芩、周婧罄（视频制作）。

由于编写时间仓促，编者水平有限，书中难免有遗漏和不妥之处，诚请读者批评指正。

编　者

2023年12月

目　录

第一章

高速铁路综合维修一体化生产计划流程

高速铁路综合维修一体化生产计划是指铁路局集团公司根据高速铁路基础设施实际，在同一时段、同一区域范围内，统筹各专业综合利用维修天窗，分别办理登销记手续。各专业须加强相互协调，合理安排作业计划，提高作业计划兑现率和天窗资源利用率。

第一节　施工、维修计划编制

营业线施工计划分为年度轮廓施工计划、月度施工计划、周计划、施工(维修)日计划，提报技改项目月度施工计划和施工日计划时，必须在备注栏内注明项目管理单位名称。

高速铁路综合一体化生产计划流程

一、年度轮廓施工计划

维修技术中心根据设备状态应于每年 11 月中旬前提出次年年度轮廓施工计划(如涉及多个专业，则由主体专业维修技术中心牵头办理)，经主管段领导审核，与段营业线施工领导小组研究，综合考虑各阶段、各种因素影响，于 11 月下旬前向集团公司相关业务部室提报。年度轮廓施工计划包括站场、线路、桥隧、信联闭、列控系统、通信、接触网等行车设备大、中修及技术改造等主要施工计划。

二、月度施工计划

由调度中心负责组织报批，具体规范标准按“中国铁路南宁局集团有限公司施工计划内容表述规范”“中国铁路南宁局集团有限公司工务部、电务部、供电部关于桂林高铁基础设施段天窗计划管理的指导意见”文件执行，编制流程如下：

（一）月度施工计划申报、审核基本要求

1. 已签订施工安全协议的施工项目，由主体施工单位编制施工计划申请表（格式见附件1），与已审定的施工方案设计和施工组织设计一并提交至设备管理单位和车务站段办理手续。设备管理单位和车务站段应在施工单位送达申请资料之日起3个工作日内完成审核手续并通知施工单位领取资料。涉及本单位内部其他部门时，由受理部门负责协调解决。

2. 施工计划经设备管理单位和车务站段审核后（建设、技改及涉铁项目施工计划申请应先报项目管理单位审核）。由施工单位于每月9日前将次月施工计划申请报集团公司主管业务部室审查。其中涉及多部门配合的施工项目，施工计划申请应由有关业务部室共同审定（主汛期进行基坑开挖、架空线路下穿顶进类扰动线路基础的施工

计划申请,须经集团公司防洪办审核),经集团公司各部室审核签认,主管业务部室审查、汇总并经主管副主任批准后,于每月 11 日前向集团公司施工办提交施工计划申请表。

3. 施工单位提报月度施工计划时,在施工计划中必须注明相应级别施工负责人。其中,月度施工计划通过铁路运输调度管理系统(TDMS)施工子系统(以下称计划系统)报送时,在“负责人”栏注明负责人的职务及姓名、会签的项目管理单位,严禁职务以低代高。

4. 高速铁路区段在维修天窗时间内不能完成的区间路料装卸作业纳入月度施工计划实施(普速铁路区段在维修天窗时间内不能完成的区间、站内正线路料装卸作业纳入月度施工计划实施)。

(二)月度施工计划申报流程

1. 维修技术中心应于每月 4 日前提报次月度施工计划至调度中心。

2. 调度中心应于每月 5 日前将已审批后的次月月度施工计划发至相关工务、电务、供电段。同时牵头组织各维修技术中心、安全科、材料科等召开月度施工计划编制审查会议。

3. 维修技术中心于每月 7 日前在计划系统中录入月度施工计划,并上报调度中心。

4. 调度中心于每月 9 日前在计划系统中审核月度施工计划,并上报集团公司。

(三)临时月度施工计划申报流程

未纳入月度施工计划的施工项目原则上不准进行施工。特殊情况必须施工时,维修技术中心将申请计划原因汇报主管段领导批准后发至调度中心。提报流程按以下办理:

1. 涉及行车设备变动、新设备投入使用以及对运输影响较大的施工作业,维修技术中心于施工前13日前将主管段领导同意后的临时月度施工计划录入计划系统提报调度中心审核。其他施工作业应于施工前8日由维修技术中心录入计划系统提报调度中心审核。

2. 调度中心收到行车设备变动、新设备投入使用以及对运输影响较大的施工计划后,于施工前12日提报至相关配合单位会签并报集团公司业务部室。其他施工作业应于施工前7日由调度中心报集团公司主管业务部。

(四)月度配合施工计划审核流程

1. 计划系统内月度配合施工计划审核流程

已签订施工安全协议的施工项目,由主体施工单位牵头配合施工的施工单位共同编制施工计划申请表,并将施工计划申请表提交设备管理单位和车务站段指定的受理部门办理审核手续,同时提供已审定的施工方案设计和施工组织设计。

(1)审核流程:维修技术中心→安全科→车间→调度中心。

(2)调度中心将相关配合计划从计划系统导出发送至

维修技术中心、安全科审查。

(3)维修技术中心、安全科于24 h内审核完毕,将审核意见(不同意则写明原因)反馈至调度中心。

(4)调度中心将含有维修技术中心、安全科审核意见的施工计划发送至相关车间进行核对。

(5)车间接到计划后于24 h内将审核意见提报至调度中心。

(6)调度中心审核完毕后提报主管段领导审批。

(7)施工单位申报临时施工计划时,按上述流程进行审核,审核时间节点由调度中心牵头确定。

2. 纸质版月度配合施工计划审核流程

(1)施工单位持配合施工计划审核确认单以车间→维修技术中心→安全科→调度中心顺序审核办理。配合施工计划审核确认单格式见附件2。

(2)调度中心审核完毕后提报主管段领导审批。

三、周计划

车间根据月度生产任务、设备运行状态、专项整治任务等情况,结合月度施工文电计划,统筹编制周计划,按属地化管理的原则安排。周计划包含各专业维修周计划、综合共用计划、施工周计划、天窗周计划。具体周计划格式见附件3至附件9。

(一)维修周计划编制、申报、审核流程

一体化区段的维修作业,车间按一体化计划格式纳入

周计划统一编制。工务、电务、供电及其他专业一体化维修周计划由作业区段管辖的综合维修车间收集汇总、整合编制审核后提报。

维修周计划包含一体化、综合维修计划。计划编制、申报、审核按以下流程办理：

1. 非综合维修车间于每周一 12:00 前将下周计划发至设备管辖的综合维修车间。

2. 综合维修车间于每周二 18:00 前将各专业周计划整理汇总后报调度中心审核(普速铁路通过 TDMS 计划系统,高速铁路通过内网邮箱),每周四 12:00 前调度中心根据集团公司天窗预告将审核完毕的一体化区段周计划挂段网“维修施工作业计划”板块公布,非一体化区段周计划则通知相关车务站段会签完毕后上报集团公司施工办。

3. 涉及跨集团公司延伸段的维修计划在作业前 5 日不得变动。

(二)综合共用周计划编制、申报、审核流程

车间周计划与其他专业或其他单位施工(维修)综合共用天窗安排时,按综合共用周计划规定的格式编制,并按以下流程申报、审核：

1. 高速铁路工务、电务、供电等专业及其他单位综合共用高铁基础设施段主体(主办)施工计划时,由综合维修车间指定人员汇总、整合编制。非综合维修车间于每周一 12:00 前将下周计划发相关综合维修车间。综合维修车间于每周二 18:00 前报调度中心审核。遇其他单位临时加

入共用安排时，按共用日计划提报流程办理。

2. 高速铁路工务、电务、供电等专业综合共用其他单位施工计划时，相关专业需联系共用的施工单位同意后，由综合维修车间指定人员汇总、整合编制。非综合维修车间于每周一 12:00 前将下周计划发相关综合维修车间。综合维修车间于每周二 18:00 前报调度中心审核。

（三）施工周计划

已批复的月度（临时）施工计划按施工日计划格式纳入周计划编制，车间（专修队）于每周二 18:00 前提报调度中心审核。

涉及集团公司发布的综合巡检车、接触网检测车、钢轨探伤车等检测类路用车电报（维修）计划。接触网检测电报（维修）运行计划由接触网检测队商议后通知桂林（运输）机修车间编制纳入周计划，于每周二 18:00 前提报调度中心审核。调度中心在提报日计划前 3 日 16:00 前，将已审核完毕的路用车电报（维修）计划上报至集团公司施工办。检测类路用车电报运行计划格式见附件 10。可利用天窗点及非动车运行时间段完成的检测类路用车计划见路用车运行计划，格式见附件 3、附件 4。

（四）天窗周预告

为充分综合利用天窗，调度中心根据周计划及集团公司施工办天窗周预告，编制天窗周预告。天窗周预告内包含重点施工处所、施工内容、日期和天窗时间，天窗周预告于每周四 15:00 前根据集团公司施工办编制情况挂内网公布,各车间根据天窗周预告,做好各自管内重点施工(维修)作业调整及安排。

四、施工(维修)日计划

天窗计划原则上以各车间提报为准。需外单位配合的施工(维修)日计划,各车间在计划提报当天需提供与配合单位签认的配合通知单(格式见附件11),并发至段调度中心天窗计划台内网邮箱,否则不予提报计划。

(一)提报流程

各车间计划管理人员根据调度中心每周公布的周计划,于作业前4日18:00前通过计划系统提报日计划,勾选会签单位,并提报与日计划配套的路用车开行计划。调度中心于作业前3日16:00前完成会签并上报至集团公司相关部室。如集团公司天窗周预告在周四12:00后下达,各车间提报周一的日计划可放宽至作业前3日10:00前。

(二)轨道车运行的路用车开行计划

各车间(专修队)需使用轨道车运行的路用车开行计划。由各相关车间商议后通知机修(运输)车间,于作业前4日18:00前连同相匹配的当日计划报至调度中心审核。路用车开行计划格式见附件12。

(三)综合共用施工(维修)日计划申报流程

1. 以段为主体的共用施工(维修)日计划,相关车间统筹编制后,于作业前4日18:00前通过计划系统提报至调度中心,调度中心审核无误后,于作业前3日16:00前报相关共用单位、集团公司相关业务部室会签；以其他单位为主体的综合共用施工(维修)日计划，由各车间于作业前4日18:00前提供本车间需共用的施工(维修)日计划至主体施工单位，调度中心于作业前3日16:00前审核并会签。

2. 因临时文电下达较晚，尚未纳入周计划的综合共用施工(维修)计划，车间与综合共用单位、本段其他专业联系妥当后，按综合共用施工(维修)计划相应主体及共用格式编制，于作业前4日18:00前将综合共用施工(维修)日计划提报调度中心审核并会签。

(四)维修配合计划审核流程

1. 其他设备管理单位(车务站段)向配合车间提交维修配合计划时，车间应向维修技术中心汇报并征得同意后，于作业前3日12:00前将配合计划审核意见及维修配合签认单报调度中心。

2. 维修单位在计划系统提报计划完毕后，调度中心于配合作业前3日16:00前审核并会签完毕。一体化作业区段内，则由设备管辖综合维修车间根据需配合单位的计划进行提报。

(五)日计划取消流程

相关车间、专修队等部门需取消已批复的正式计划，必须经主管维修技术中心研判，报主管段领导同意后才可取消。

1. 集团公司因自然灾害、运输调整等客观因素直接取消的施工、维修日计划，不需到达车站登记，也不需发报告至集团公司施工办。

2. 电务段取消主体(主办)施工日计划、主体维修日计划。车间、专修队等相关部门须立即将车站“运统46”取消内容拍照留存,并结合取消原因说明同步发至段调度中心专业调度台、天窗计划台。天窗计划台于取消后1日内将取消报告报至集团公司施工办。

3. 电务段为配合单位的施工(维修)日计划,主体单位在车站登记“运统46”取消施工(维修)日计划。配合取消计划人员须立即核实取消内容与实际相符,将“运统46”取消情况拍照发至段调度中心专业调度台、天窗计划台备案。

4. 共用天窗施工(维修)主体计划取消时,涉及共用天窗的其他计划执行以下规定:

(1)共用计划仅有1项时,由共用天窗单位自行按规定办理作业及防护。

(2)共用计划有2项及以上时,具备召开施工预备会(维修协调会)条件的,施工和高速铁路维修计划由会议组织单位报集团公司施工办(普速铁路维修计划由车务站段重新指定作业主体单位),会议组织单位负责在施工预备会(维修协调会)中公布,新的作业主体单位按规定做好统一指挥及落实各单位作业范围划分,各作业单位按规定分别设置防护;不具备召开施工预备会(维修协调会)条件的,取消共用天窗所有施工(维修)计划。

第二节 临时(故障)计划

发生故障需立即封锁线路处置突发设备隐患时,按集团公司相关应急流程办理。危及行车安全利用天窗抢修,不同单位需共用同一区段、同一天窗时间进行故障作业时,由需求单位车站登记“行车设备检查登记簿”联系集团公司列车调度员,并经同意后实施。段调度中心专业调度员同时通知配合单位调度中心和集团公司主管业务部室。

一、普速铁路非一体化区段

普速铁路非一体化区段,需封锁线路处置设备隐患时(其他可能影响行车的情况),临时补修可以利用维修天窗处理时,应根据《中国铁路南宁局集团有限公司铁路营业线施工管理实施细则》(简称《细则》)及其他相关规定办理。处置流程如下:

1. 车间与维修技术中心确认故障处置条件(紧急抢修、临时补修)后向主管段领导汇报故障处置申请。

2. 临时补修根据属地化管理要求办理。非属地车间与相关属地车间联系,由属地车间协调管内其他部门取消相冲突的日计划。

3. 临时计划经维修技术中心审核完毕后,车间于作业前1日08:00前通过计划系统将临时故障计划报调度中心审核(涉及作业车变化的维修作业,应提前联系作业车使用单位,由作业车使用单位在作业前2日18:00前组织天窗共用单位重新审核维修作业计划)。

4. 其他站线、段管线由属地车间于作业前 1 日 09:00 前通过内网邮箱向调度中心补报周计划申请(涉及作业车变化的维修作业,应提前联系作业车使用单位,由作业车使用单位在作业前 1 日 08:00 前组织天窗共用单位重新审核维修作业计划)。

二、高速铁路综合维修生产一体化区段

各车间接到故障信息 30 min 内上报至维修技术中心审核,同时将临时维修计划要点申请书提报调度中心。发现故障于作业前 1 日 10:00 前(使用作业车则在作业前 1 日 09:00 前)提报新增(修改)一体化维修计划申请,纳入正式日计划管理,计划申报流程如下:

1. 车间与维修技术中心确认故障处置条件后向主管段领导汇报故障处置申请。

2. 非综合维修车间与相关综合维修车间联系,均由综合维修车间协调其他一体化专业车间、冲突单位(专业)及配合单位妥当后,确定一体化故障计划内各专业作业安排及计划主体专业。

3. 故障计划经维修技术中心审核完毕后,由综合维修车间作业前 1 日 09:00 前将临时故障计划通过计划系统报调度中心审核,审核无误后提报至集团公司相关部室。

4. 故障计划未按时提报至集团公司施工办时,按《细则》高速铁路抢修临时要点维修规定办理。

5. 临时故障计划格式见附件 13。

第三节　施工、维修计划变更

一、月度计划变更

月度施工计划批复后原则上不准变更。必须变更时，于计划前7日，维修技术中心写明更改原因并报至调度中心，调度中心牵头相关维修技术中心审核后报主管段领导审批，于计划前5日向集团公司主管业务部室提出书面申请。有关部门审查后提交集团公司施工办，集团公司施工办调整后提前3日以文电或调度命令形式向有关单位下达。涉及LKJ基础数据变化的施工日期不得提前。

维修计划下达后，因特殊原因需临时增加维修作业时，在不与其他施工及维修作业产生冲突的前提下，普速铁路由设备管理单位报车务段（直属站）、高速铁路由设备管理单位报主管业务部室审核同意后（如与其他施工及维修作业产生冲突时，仍须取得受冲突计划作业单位的准许，并经其集团公司主管业务部审核、盖章确认），报集团公司施工办实施。铁路局集团公司所管设备越过局间分界站延伸至相邻铁路局集团公司调度指挥区段时，高速铁路由调度管辖铁路局集团公司业务部室（普速铁路由调度管辖铁路局集团公司车务段（直属站）审核同意后，报铁路局集团公司施工办实施）。

二、周计划变更

周计划公布后原则上不准变更。必须变更时,车间与受影响的其他专业及施工(维修)单位联系妥当后,写明更改原因报调度中心。

三、施工(维修)日计划新增(变更)

施工(维修)日计划新增(变更)手续原则应于批复正式计划前办理,并写明新增(变更)原因报调度中心。具体按以下要求执行:

1. 需变更专业为计划变更车间主体时,必须在接到故障信息 60 min 内将其他专业计划整合编辑后通过计划系统报调度中心。计划冲突时,变更车间须联系冲突单位相关车间、部门妥当后报调度中心。

2. 非一体化区段施工(维修)日计划新增(变更)。

(1)变更车间与冲突单位(专业)及配合单位联系妥当后,按临时(故障)计划普速铁路非一体化区段流程执行。

(2)检测类路用车电报(维修)计划发生变更时,相关车间(专修队)按要求写明变更原因并将计划于作业前2日08:00前报调度中心,调度中心与相关设备管理单位、集团公司施工办联系妥当后提报集团公司主管业务部室。

3. 一体化区段维修计划新增(变更)。

变更车间(专业)与其他车间、其他一体化专业、冲突单位(专业)及配合单位联系妥当后,于作业前2日08:00

前将计划及新增(变更)原因报调度中心。调度中心审核无误后办理新增(变更)手续。新增(变更)一体化联合作业日计划申请表见附件14。

4. 综合共用施工(维修)计划新增(变更)。

(1)变更车间与综合共用单位、冲突单位(专业)及配合单位联系妥当后,于作业前2日08:00前将计划及新增(变更)原因报调度中心。调度中心审核无误后向共用单位及集团公司主管业务部室办理新增(变更)手续。

(2)综合共用计划施工(维修)计划以高铁基础设施段为主体时,变更车间应将共用单位计划整合编辑后通过计划系统报调度中心。

5. 由于自身原因造成的计划变更,调度中心提报考核意见。

6. 作业计划变更及取消要求。

(1)严禁擅自变更、增加作业项目或内容。如遇特殊原因,造成可用天窗时间缩减,不能顺利完成预定任务时,必须坚持“只检查,不动设备作业”的原则。

(2)遇特殊情况需取消作业时,作业负责人汇报车间主任(副主任),由车间主任(副主任)请示主管段领导批准后,方可取消作业。

第二章

高速铁路综合维修一体化联合作业管理

高速铁路综合维修一体化联合作业，规范了联合整治道岔、钢轨绝缘、日常维护施工配合作业的流程和标准，大大减少了结合部故障率，提高了高速铁路设备运维质量，提升了标准化作业效率。

第一节　组 织 管 理

一、组织管理机构

(一)集团公司组织机构

集团公司成立工电联合整治工作领导小组，组长由分管工务、电务副总经理担任，副组长由工务、电务、运输部及安监室、调度所(施工办)主任担任，组员包含工务、电务、运输部及安监室、调度所(施工办)副主任等。领导小组设日常办公室，办公室设在集团公司电务部，成员由集团公司工务、电务、运输部及安监室、调度所(施工办)等有关人员组成。

（二）站段组织机构

各工务、电务、车务（站）段成立以段（站）长为组长，分管副段（站）长为副组长，技术科长以及主管工程师为组员的站段工电联合整治工作小组。车间成立以车间主任为组长，副主任为副组长，车间干部及业务骨干为组员的车间工电联合整治工作小组。

二、工作职责

集团公司工电联合整治工作领导小组负责联合整治工作总体规划和协调，主要包括组织制定工电联合整治实施办法，筹集设备整治费用，审批联合整治年度工作规划，沟通天窗计划，协调解决存在的问题，定期组织检查评比和经验交流。调度所、车务站段应尽量保证天窗点兑现率。工务、电务段负责制定联合整治年、月计划及物资材料筹备，督促、指导现场落实联合整治工作，协调解决问题。车间工电联合整治小组按“五个联合”要求负责落实整治等工作。

三、整治团队组建

（一）段专家组联合整治队伍

由各电务段组织，组长由工务、电务专业分管副段长担任，副组长由主管技术科长担任，组员由主管工程师及业务骨干组成。负责管内道岔疑难问题指导、整治工作。

(二)车间联合整治队伍

在综合维修车间内由工务、电务专业成立至少1个工电道岔整治作业组(工区),负责车间道岔联合整治工作,组长由工务、电务专业职务不低于副主任的人员担任,每个作业组工务人员不少于5人,电务人员不少于2人。

四、会议制度

(一)集团公司联合整治工作会议

由集团公司电务或工务部组织,每年至少1次。及时总结当年工作经验、部署次年工作安排。

(二)站段联合整治协调会

每月召开1次工电协调会,可结合工电供月度例会或站区天窗联劳会进行,协调解决工电结合部或天窗问题。每半年在高速、普速铁路分别组织1次工电道岔联合整治现场会,会后5个工作日内下发会议纪要。其中上半年由工务专业组织(同一电务段对应多个工务专业时由电务与工务专业商定组织排序),下半年由电务段组织。参与单位及人员为电务段、车务站段及工务专业分管副段长、技术科长、主管工程师、车间主任及业务骨干等。

围绕年度计划,并根据月度计划完成进度、存在情况,协调解决作业问题,联合编制和提报次月作业计划。车间工电联合整治协调会可纳入日联合作业协调会固定议程并记录。

第二节　技术管理

一、道岔工电结合部设备管理分工

1. 道岔钢轨、辙叉、轨枕、滑床板、垫板、连接杆、拉杆（联锁道岔尖轨牵引点除外）、间隔铁、限位器、防跳限位装置、轨撑、顶铁、挡砟板、联结零配件、联结销、螺栓，岔枕上用于安装道岔安装装置的螺栓孔，提速道岔钢岔枕与钢轨联结螺栓的绝缘垫板及绝缘套管，心轨牵引点连接铁（拉板）及其联结螺栓等由工务专业负责维修管理。

2. 道岔转辙机、密贴检查器、锁闭装置、导管装置、动作杆、表示杆、防踩板、安装装置（含绝缘），可动心轨道岔的锁闭板、锁闭板绝缘垫片及锁闭板与钢枕的联结螺栓，心轨牵引点拉板安装外锁闭的方孔及安装转辙机托板的螺栓，CN 道岔下拉装置、辙叉夹紧杆、辙叉连接柄及其紧固件由电务专业负责维修管理。

3. 岔枕等工务设备上用于安装电务设备的螺栓孔由电务专业负责检查，道岔钢岔枕与钢轨联结螺栓的绝缘垫板及绝缘套管由电务专业负责测试，发现失效时通知并配合工务专业修复。

4. 锰钢辙叉上的导电销由电务专业负责日常检查、工务专业负责维护；电务专业发现导电销脱落或无法安装跳线时，应通知并配合工务专业焊修。

5. 道岔辊轮安装、固定、维护由工务专业负责，辊轮调整由电务专业负责。辊轮及其部件缺失、脱落或破损时，由工务专业准备材料并安装恢复，电务专业负责调整。

二、钢轨绝缘等工电结合部设备管理分工

1. 分体式绝缘接头夹板（俗称鱼尾板）及其螺栓等有关线路强度的金属部分由工务专业负责维护，其保证电气特性的绝缘部分由电务专业负责维护。工务、电务专业发现绝缘接头不良需分解检查或更换时，应通知对方联合整治。

2. 胶接绝缘接头、轨距杆、地锚拉杆由工务专业负责维护，其保证电气特性的绝缘部分由电务专业负责测试，测试发现绝缘部分存在问题时由工务专业负责维修。工务、电务专业发现绝缘接头不良时，通知对方配合作业。

三、技术要求

工电联合整治应坚持源头治理，消除结构性、基础性病害，提升道岔框架结构强度。应积极创造条件、不断改进方法，在具备条件的区段通过脱杆捣固恢复岔区平纵断面、消除转辙部位空吊；通过开展大机清筛整治道床板结、翻浆，恢复道岔弹性；通过调整轨缝、应力放散或换轨等方法解决尖轨、基本轨纵向爬行超标问题；结合大修、更新改造，有计划地更换老旧型号道岔和木枕道岔；通过整体更换病害、磨耗超标轨件，提升道岔框架结构强度、稳定性；通过逐步改造电务作业平台，解决排水问题。

第三节　作 业 管 理

一、联合作业流程及标准

在开展联合整治作业时应执行作业流程和作业标准。联合整治作业流程见附件 15。具体包括以下项目：

高速铁路综合一体化联合作业方案流程

1. 道岔项目标准及检查整治记录(适用于 CN 系列高速道岔)。

2. 道岔项目标准及检查整治记录(适用于采用 GW 型外锁闭装置的道岔)。

3. 道岔项目标准及检查整治记录(适用于内锁闭道岔)。

4. 道岔框架尺寸参考表。

(1)常见道岔框架尺寸及尖(心)轨降低值参考表。

(2)60 kg/m 钢轨 12 号复式交分道岔(CZ2651/SC350)框架尺寸。

(3)客专线(07)001 道岔框架尺寸。

(4)客专线(07)004 道岔框架尺寸。

(5)客专线(07)009 道岔框架尺寸。

(6)客专线(07)006 道岔框架尺寸。

5. 道岔动程(开口)及锁闭量标准。

6. 钢轨绝缘、轨距杆安装及测试方法。

7. 转辙机(转换锁闭器)拉力参考表。

二、联合作业制度

工电联合作业实行“联合计划、联合检查、联合分析、联合作业、联合验收”制度。

(一)联合整治道岔

1. 联合计划。联合整治应贯彻设备等级管理理念,按照如下原则并结合道岔维修周期及设备实际状态合理制定年、月度联合整治计划。当道岔出现动静态检测大值偏差、严重结构性病害或电务监测相关参数突变等问题时,应及时进行整治。

(1)整治原则:“先干线后支线、先正线后侧线”“先严重、后一般”,联合整治周期如下。

高速铁路:正线每 2 年 1 次,正线以外每 3 年 1 次。

高速、普速共站:正线、有动车运行的每 2 年 1 次,无动车运行的每 3 年 1 次。

(2)制定年度轮廓整治计划。每年 12 月由电务专业组织,与工务专业共同制定,并尽量与大机捣固、换砟、换岔、电务大修等年度轮廓计划保持同步,以减少对运输的影响。年度整治轮廓计划由段长签字并加盖单位公章,每年 1 月由工务、电务专业签字盖章后报送集团公司工务、电务部审核。

(3)制定月度联合整治计划。每月由电务专业组织,与工务专业共同制定月度整治计划。月度整治计划原则上与年度轮廓计划保持一致,当大机捣固、换砟、换岔计划发生变化时,可根据实际对计划进行调整;日常维护发现需要对方配合的问题时,应以问题为导向,纳入月度联合整治计划。

(4)计划提报。经电务、工务专业共同认可的联合整治计划,由电务专业报工务专业汇总到综合维修车间月度维修计划中,按规定上报。提报计划时在备注栏注明“工电联合整治道岔”;更换基本轨、尖轨、辙叉、岔枕等作业时,天窗计划由工务专业提报。

2. 联合检查。工电双方应根据年度、月度计划,对道岔、钢轨绝缘设备进行联合检查;日常维护发现结合部问题(含检测车发现结合部动态大值偏差、电务监测相关参数突变)时,应及时组织联合检查。电务专业提前 3 日及以上书面通知工务专业(实行综合维修一体化的车间在每日联合作业协调会上口头通知),双方组长组织人员开展调查工作,对表调查并记录具体数据或存在的问题。联合检查时发现危及行车安全的问题应立即组织整治。

3. 联合分析。工电双方应根据联合检查发现的问题进行联合分析,统计工作量,研究制定联合整治方案。双方制定好的方案报段部审批同意后方可执行,须集团公司业务部门审批的方案应按程序报批。

4. 联合作业。按照批复的天窗计划组织联合协同作业,作业过程中,应按规定进行登记和防护;作业后,确认放行列车条件。参与联合整治的人员在作业前应了解工作内容及工作步骤,必要时提前到现场熟悉设备或开展演练,对需拆装或更换的设备,应做好标识或核对。双方专业组长按审核通…案开展整治工作,记录交付时间节点。作业应严…方案执行,遇到突发性问题时,现场确定整改措施…

5. 联合验收。联合整治作业完成后,要联合组织验收评价,车间联合验收合格后由段进行联合验收,其中单月由工务专业组织、双月由电务专业组织,验收不合格的应限期整改达标后纳入考核。

(二)联合整治钢轨绝缘(含轨距杆、地锚拉杆)

1. 联合计划。工电双方应至少提前 1 个月确定联合检查测试整治计划。更换胶接绝缘天窗计划由工务专业负责提报,分体式钢轨绝缘由电务专业负责提报。

2. 联合检查。胶接绝缘每 3 个月不少于 1 次;轨道电路轨距杆、地锚拉杆每年不少于 1 次;分体式绝缘结合电务检修周期进行。检查测试工作由电务专业组织,工务专业安排专人配合,检查测试完毕后工电双方签字确认。发现绝缘阻值低于预警值时,电务专业应及时书面通知工务专业进行联合检查、处理,危及行车安全的应立即处置。日常维护发现问题(含电务调阅分析集中监测发现参数突变)时,电务专业应及时书面通知工务专业并组织联合检查。

3. 联合分析。工电双方应对联合检查发现的问题,研究制定联合整治方案。

4. 联合作业。按照批复的天窗计划组织联合协同作业;作业过程中,应按规定进行登记和防护;作业后,双方

共同确认放行列车条件。

5. 联合验收。联合整治作业完成后，要联合组织验收评价，记录相关数据，双方签认。

三、联合作业整治要求

（一）道岔

1. 重点项目：基本轨横移，尖轨（心轨）与基本轨（翼轨）不密贴，尖（心）轨爬行，降低值超标，肥边超标，滑床板、垫板螺栓（岔枕螺钉）或胶垫失效，几何尺寸超限，转辙机油压或拉力不符合标准等。

2. 岔枕整治：转辙机采用托板安装装置时，混凝土岔枕另一端挡砟板由工务专业负责维修管理，工务专业须调整前后水泥枕间距，确保间距标准。

3. 标识要求：电务专业负责尖轨爬行检测标、道砟限高标、道岔锁闭杆中心与前后水泥枕中心尺寸标识。工务专业负责各部几何、框架、支距尺寸的标识。

4. 责任界定：当尖轨与基本轨或心轨与翼轨不密贴且双方存在争议时，电务专业甩开杆件后，工务专业人工拨尖轨、心轨能正常密贴且不反弹，由电务专业负责调整密贴；无法正常密贴或存在反弹，且反弹削弱尖（心）轨理论转换力时，由工务专业整治密贴后，电务专业再做调整。

5. 注油规定：对滑床台板进行润滑时应注意涂抹油量及范围，不得污染胶垫及钢轨轨面。其中，心轨滑床台应采用固体润滑剂或环保润滑油脂（剂）；尖轨跟部无转辙设备且轨底与滑床台板有接触时可根据需要涂抹固体润滑剂或环保润滑油脂(剂),其他部位不得涂任何油脂(剂)。

(二)钢轨绝缘(含轨距杆、地锚拉杆、道岔连接杆)

1. 工务专业宜每月对钢轨绝缘接头、轨距杆、地锚拉杆、道岔连接杆等设备进行检查。

2. 检查内容:钢轨绝缘接头轨缝、绝缘片、扣件弹条是否存在联电隐患;是否存在接头超垫、空吊等问题;夹板状态、轨枕螺栓位置、绝缘性能是否达标;绝缘接头前后 50 m 范围内钢轨状态是否良好;轨距杆是否存在锈蚀、松动、绝缘状态不良等问题。

3. 铁屑整治:电务专业对绝缘前后 10 m 范围内脱落的鱼鳞裂纹进行清理,根据需要对钢轨绝缘部位涂抹玻璃胶;工务专业对未脱落的鱼鳞裂纹以及绝缘前后 50 m 范围内脱落的鱼鳞裂纹进行整治、清理,并对绝缘接头前后 100 m 扣件加强复紧。

4. 测试标准及要求:轨端绝缘电阻值使用轨道电路在线测试仪测试,钢轨对夹板电阻值使用 MF-14 型万用表测试。

(1)钢轨绝缘处夹板对轨端绝缘阻值小于 100 Ω,或轨端对轨端绝缘阻值小于 15 Ω(极性绝缘小于 7 Ω,极性绝缘指同一轨道电路区段的道岔岔后绝缘、复式交分道岔绝缘、交叉渡线堵流绝缘、股道/无岔区段极性交叉绝缘),或流过轨端的电流大于 0 mA 时,应立即更换处理;轨距杆两端绝缘小于 20 Ω 或中间金属部分与两端小于 100 Ω 时,应立即更换;地锚拉(撑)杆两端绝缘小于 20 Ω 时,应立即更换。

(2)钢轨绝缘处夹板对轨端绝缘阻值小于 1 000 Ω 且大于或等于 100 Ω,或轨端对轨端绝缘阻值小于 20 Ω 且大于或等于 15 Ω(极性绝缘小于 15 Ω 且大于或等于 7 Ω)时,胶接绝缘纳入预警管理,建立台账,测试周期改为每月测试不少于 1 次,分体绝缘应进行分解检查处理。

联合整治过的结合部设备,要通过监测、动态检测及现场检查等手段对设备状态进行跟踪,分析变化规律,掌握后续的调整、整治经验与方法,实现设备质量动态可控、常态达标。

四、联合作业台账管理

段、车间须建立完整的联合整治资料。其中道岔、钢轨绝缘以及轨距杆绝缘的现场检查测试第一手资料可用拍照、扫描等办法建立电子版台账资料,同时保留整治前、后的道岔图片。

第四节　日常养修及施工配合

一、日常养修及施工作业规范

1. 工务专业进行以下项目作业时,须电务专业现场配合:

(1)在轨道电路区段施工。清筛大修(含边坡)、成组更换道岔、换枕大修（含电容枕）、路基及边坡开挖等涉及光、电缆安全的施工。作业前电务专业派人进行电缆探测，并出具调查确认表，双方签认后，方可施工，并做好防护措施。电务专业对影响施工的电务设备进行拆装，拆装时工务专业安排足够劳力配合；涉及清筛的横向连接线必须确认安全后方可拆装。

（2）在轨道电路区段成段更换钢轨（大于或等于 100 m），应力放散施工。

（3）大型养路机械在岔区（指车站进出站信号机以内，下同）进行捣固、打磨施工。拆杆捣固道岔时，每个牵引点由工务安排 2 人配合电务开展拆装杆件工作。

（4）工务专业日常维修作业：

①更换道岔伤损钢轨、辙叉、尖轨。

②在道岔基本轨接头至尖轨跟部、可动心轨辙叉范围内进行改道、起道、拨道、捣固等动道作业或紧固轨撑和安装轨距杆影响电务设备正常使用以及更换联结零件等作业。

③更换安装有计轴设备、减速顶、轨道电路引接线的钢轨。

④计轴磁头设备前后 2 m 内进行钢轨打磨或影响道床稳定的动道作业。

⑤更换失效的电容枕。

⑥更换胶接式钢轨绝缘。

2. 工务专业进行以下项目作业时，需电务专业现场配合或采取以下防范措施：

(1)在轨道电路区段(不含岔区)非成段更换钢轨。钢轨接续线安装完毕销点前,确认电气特性合格后再销点开通线路。线路开通后3日内,电务专业安排人员现场检查确认。

(2)在轨道电路区段(不含岔区)进行大机捣固、打磨作业。如无电务人员到场配合施工,可由经培训合格的工务人员负责轨道电路引接线、跳线的捆绑工作,并且做好标志。捣固作业时,操作人员必须认真操作,严防轧断电源引接线或钢轨跳线。线路开通后3日内,电务专业安排人员现场检查确认。施工过程中发生设备损坏时,应及时通知电务专业,共同进行抢修。

3. 电务专业进行以下项目作业时,需工务专业配合:

(1)更换分体式绝缘。

(2)站内开挖光电缆沟。

(3)区间影响路基安全或有塌方危险的开挖作业。

4. 日常维修及施工要求:

(1)紧固钢轨接头螺栓时严禁随意拉扯接头处的钢轨接续线。

(2)在道岔尖轨作业时,严禁将撬棍、扳手、道钉放在道岔尖轨间。

(3)工务专业在轨道电路电源引接线及转辙机部位装卸材料要做好防护措施,防止装卸过程损坏电务设备;在电源引接线上放置钢轨时,要采取架空钢轨或使引接线下穿钢轨的措施,并加装绝缘,防止引接线被压短路。

(4)无工务人员到场,电务人员严禁拆卸、调整工务设备(调整辊轮除外);反之,无电务人员到场,工务人员严禁拆卸、调整电务设备。

(5)在现场卸钢轨时,经过线路钢轨绝缘且两端安装有地锚轨距杆时,须把钢轨卸在轨距杆绝缘与地锚之间,否则须在钢轨底部与轨距杆之间安装绝缘。

二、设备安装要求

1. 严禁在电务电源引接线及岔后跳线孔内安装轨距杆、防爬器;在绝缘接头安装的扣件要防止与夹板接触。在轨道电路区段安装轨距杆时,严禁使用无绝缘轨距杆(含地锚轨距杆),或绝缘不达标的轨距杆。

2. 在极性绝缘接头及道岔导曲线范围内安装轨距杆必须加装绝缘套,严禁在道岔导曲线范围内同一孔轨枕盒安装两根轨距杆。

3. 电源引接线安装必须沿轨枕边沿内侧固定在混凝土枕或木枕上,不得捆绑在扣件及轨枕螺栓上。固定在混凝土枕上可用直径不大于 8 mm 的钻头钻孔,深度不超过 25 mm,固定短引接或跳线时钻孔数量不超过 2 个,固定长引接线或岔后跳线时钻孔数量不超过 5 个,且不得影响工务专业的扒砟、捣固等日常维修作业。

4. 电务专业在路基范围内埋设电缆时,应遵守以下规定:

(1)电缆应从路堤外或路堑顶外通过。如遇过渡短经路从路肩或路堤边坡上通过时,不得损坏原有排水、防护和加固设备。

(2)电缆沿路堑顶部埋设时,应在堑顶天沟边 2 m 以外;如无天沟,应在堑顶 5 m 以外。沿路堤坡脚埋设的,应在路堤坡脚 1 m 以外,有护道时应在护道 1 m 以外。横穿线路时,应用钢管防护,埋入的钢管顶部距路基面不少于 0.4 m。

(3)埋设电缆前,施工单位必须与工务专业联系,明确安全措施和责任,并签订协议后方可施工。

(4)因地势地形造成电缆无法埋设或对维护工作带来困难的,工务、电务专业应积极协调,并根据实际的地势地形确定电缆埋设方案。

(5)电缆埋设后,必须及时将电缆沟填满、夯实、整平,恢复路基完好状态,并设置明显标志。

5. 电务固定设备安装螺栓或安装轨道电路钢轨接续线、道岔跳线、各类引接线、补偿电容、计轴磁头等需在钢轨上钻孔时,严禁在焊缝两侧各 400 mm 范围内进行钻孔,钻孔位置应在轨腹中和轴上(螺栓孔中心线上),且必须按照 0.8~1.5 mm(角度 45°)倒棱。两孔间净距离不得小于大孔径的 2 倍。

6. 轨道电路电源引接线及塞钉式钢轨接续线、道岔跳线固定方式按图 2-1 进行。

(1)钢轨引接线(短)固定在绝缘节外方第一根轨枕顶面或侧面,松紧适度。

(2)穿越轨底的钢轨引接线(长)固定在绝缘节外方第二根轨枕内侧。

(3)塞钉式钢轨接续线固定方式:用 $\phi 3.0$ mm 铁线从

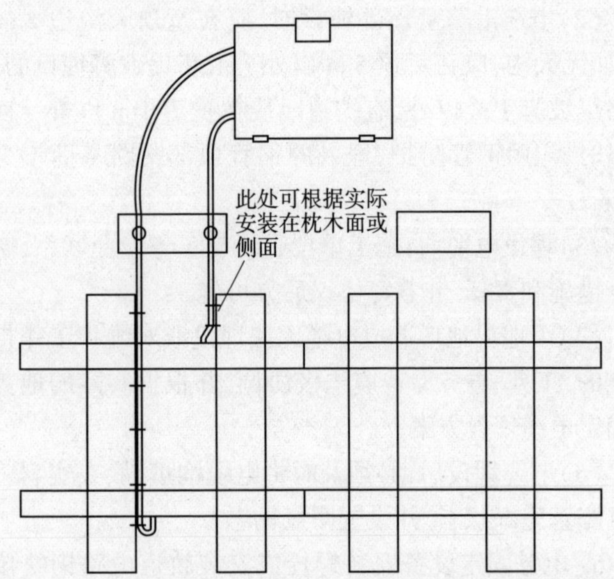

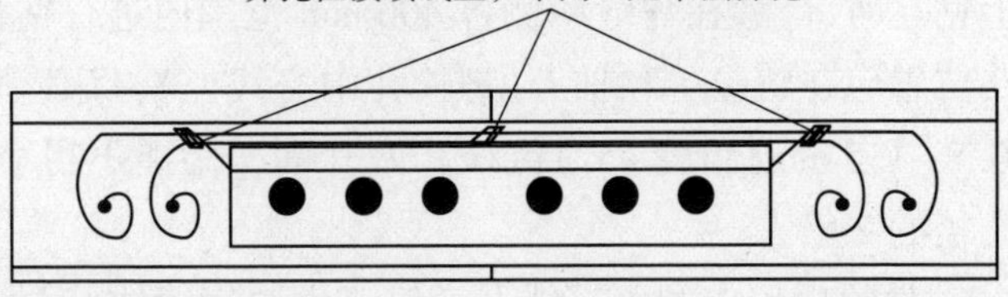

图 2-1　轨道电路电源引接线及塞钉式钢轨接续线、跳岔跳线固定方式

夹板与轨腰之间的间隙穿过,两端绑扎在接续线上,接续线应与夹板上部密贴,中部单独绑扎,绑扎圈数不超过3圈。

7. 在线路上新安装补偿电容应使用电容枕,原有未使用电容枕安装的不得利用轨道联结零件进行紧固,并应结合设备大修逐步更换。

8. 钢轨引接线、接续线、跳线均按双套化设置。

9. 新建、大修车站设备工作台应采用有利于排水的空心砖、网孔结构；当工作台长度超过 1 m 时，每 1 m 至少设置 1 个排水孔，确保排水畅通。现有工作台影响排水的，工电双方现场确定整治方案，优先采用网孔结构。对于废弃的现场工作台，由原设备管理单位负责拆除。

10. 厂制或现场胶接绝缘接头、轨距杆、地锚拉杆上道前，由工务专业联系电务专业测试合格，并喷涂“测试合格”字样后方可上道使用。

11. 在 ZPW-2000 型轨道电路区段需要设置电容时，应采用专用电容枕；大修或更新改造时须将普通枕更换为电容枕。

12. 工务专业在道岔尖轨、心轨范围内安装轨距杆时须通知电务专业配合。

第三章

高速铁路综合维修一体化应急处置

为进一步完善高速铁路综合维修一体化管理，确保高速铁路运维稳定，以“专业融合、集中指挥”为原则，发挥生产调度监控中心指挥主体和综合维修车间处置主体作用，为应急启动提供时间保障；以“专业为主、精准高效”原则，发挥各专业技术人员优势，为减少运输影响提供技术保障；以“预防为主、处置有力”原则，建立故障应急处置流程，为应急能力提升提供素质保障。

第一节　应急处置原则

一、以人为本，减轻损失

在具体施救过程中要做到先救人，后救物。

二、统一领导，分级负责

要按照预案要求，由应急指挥小组作出果断决策，实现资源整合，政令畅通，避免各自为战。

三、属地先期处置

不论发生哪一级别的突发事件，属地工区、车间（队）都要及时开展先期处置，以防止突发事件的事态进一步扩大、升级，尽可能减少生命、财产损失。

四、科学施救，专业处置

处置过程中要充分利用专业人员的专业装具、专业知识、专业能力，实现突发事件的专业处置。

第二节　值班（守）制度

一、值班（守）概念

（一）值班

值班是指在驻地应急指挥中心或规定值班地点进行 24 h 当班，当班期间须在岗在位，不可离开驻地，接到应急信息时立即进行应急处置。

（二）值守

值守是指在驻地进行留守，可在驻地进行休息，天窗时间可安排上道作业，接到应急信息须迅速开展应急处置。

二、值班(守)安排

(一)车间

1. 车间指挥组每日指派1名主任或副主任担任值班负责人。除值班负责人外,其他专业可根据自身专业特点另行增派专业值班人员。

2. 除值班负责人负责的专业外,其他专业需安排干部值守。

3. 车间安全生产分指挥中心实行24 h值班,由指挥组安排工务、电务、供电专业人员轮流单岗值班。

4. 车间安全生产分指挥中心值班员须掌握当日应急处置人员名单,并检查人员在岗情况。

(二)工区

1. 车间所在地的工区不再安排人员值班。非车间驻地的工区安排工务、电务、供电专业人员轮流单岗值班,其他人员值守。

2. 综合维修工区值守按照“3+3+6”的原则安排,即综合维修工区按照工务、电务各不少于3人,供电不少于6人的原则安排进行值守(驾驶人员除外)。

(三)巡守点

巡守点安排工务、电务专业轮流安排1人值班,7人值守(工务3人,电务4人)。

三、通信联络

综合维修车间、工区需指定值班电话,并由当日值班人员保管,确保联系畅通,并逐级报备。

四、交通工具与驾驶人员

1. 值班驾驶人员在值班前应保证充足睡眠,以保证应急处置过程中的驾驶安全。

2. 当日汽车、轨道车值班驾驶人员应及时检查车辆使用状况,保证正常安全运行。如发现车辆状态不良,应及时汇报车间安全生产分指挥中心。

第三节　应急备品要求

为保证应急处置快速、及时、高效完成,应急处置时使用的工机具、材料、车辆应在保证顺利完成应急处置的前提下,宜按照尽可能少携带的原则合理安排、协调共用。

一、应急物品共用方式

1. 轨道车

轨道车应急主要以供电专业轨道车为主,各专业在应急处置过程中需要采用轨道车出行时,所有人员统一乘坐供电专业轨道车出行。

2. 汽车

在进行应急处置需要采用汽车出行时,由当日指挥组值班负责人按规定调配。

3. 工机具类

本专业特有工机具由本专业自行提供,各专业通用工机具,尽可能安排协调共用。应急处置时,工机具类可根据具体需求,由当日指挥组值班负责人在各专业间合理安排调配,并做好记录。

4. 材料类

原则上由本专业自行提供,遇特殊情况需使用通用材料时,由当日指挥组值班负责人在各专业间合理安排调配,并做好记录。

5. 共用应急备品存放原则

(1)各专业把常用的应急处置工机具、仪表、材料集中存放,按专业分材料架放置;笨重物品在地面划区域放置;各种物品应有标识。常用备品清单见附件16。

(2)车间、工区安排专人对应急备品进行管理;车间每月组织检查不少于1次,确保工具正常、仪表可用、材料齐全,检查确认后签字;消耗品使用后原则上3天内补齐,特殊情况不得超过7天。综合应急备品房门口不允许停放车辆,钥匙放工区或车间安全生产分指挥中心。具体注意事项及管理办法由管委会制定。

二、应急物品管理

完成应急处置后,调配使用的工机具、材料应及时归还入库,入库时工机具、材料归属专业应做好检查统计,发现因跨专业共用造成损坏或缺少的,按照“谁损坏,谁负责”的原则对损坏的物品进行赔偿或维修，及时对缺少的材料进行补充，不得影响后续正常使用。

第四节　应 急 处 置

一、应急处置信息传递流程(见附件17)

(一)从上往下

集团公司行车调度→集团公司专业调度→段安全生产指挥中心→车间安全生产分指挥中心→工区应急处置小组。

(二)从下往上

现场人员发现问题→车间安全生产分指挥中心→段安全生产指挥中心→集团公司专业调度→集团公司行车调度。

(三)供电专业

涉及供电专业应急处置时，供电专业信息传递流程(见附件18)。

1. 从上往下

集团公司供电调度→工区。工区负责将信息传达车间安全生产分指挥中心。

2. 从下往上

现场人员发现问题→集团公司供电调度、车间安全生产分指挥中心。

二、应急处置流程(见附件19、附件20)

(一)接到应急处置信息

1. 车间接到应急处置信息后,指挥组值班负责人确定故障处置主体专业,并安排应急处置出行方式,通知工区应急处置小组,同时通知驾驶人员做好出车准备。

2. 指挥组值班负责人根据应急处置内容,指派驻站联络员,负责“运统46”登、销记及驻站防护工作。

3. 应急处置小组组长组织人员建立防护体系。防护信息传递按照驻站联络员→现场防护员模式传递。

(二)处置流程

1. 出行方式。

(1)登乘动车(列车)。进行应急处置时由故障处置主体专业按规定申请登乘动车(列车)。

(2)汽车出行。应急处置小组所有人员携带工机具、材料乘坐汽车前往指定栅栏门后,等待调度命令。

(3)轨道车出行。应急处置小组所有人员携带工机具、材料有序登乘轨道车,等待调度命令。

2. 按规定做好栅栏门钥匙申领工作。进入栅栏门前,应急处置小组组长应组织做好人员、工机具、材料的清点及记录工作。

3. 应急处置小组按规定开展处置,并及时报送处置信息。

4. 处置完毕后,应急处置小组组长向车间指挥组汇报，并申请撤离。经同意后，应急处置小组组长组织所有人员携带工机具、材料撤离栅栏门。

5. 确认人员、工机具、材料撤出栅栏门后（登乘动车或列车返回时须确认人员、工机具、材料全部登乘完毕）方可办理销记。

6. 所有人员统一返回驻地，各专业将工机具、材料清点入库，摆放整齐，结束应急处置工作。

设备故障应急处置流程见附件 21。

三、供电专业应急处置流程

（一）接到应急处置信息

工区接到集团公司供电调度的应急信息后，立即报告车间安全生产分指挥中心，车间接到应急处置信息后，指挥组值班负责人确定故障处置主体专业（原则上为供电专业担任），合理安排应急处置出行方式，通知工区应急处置小组，同时通知驾驶人员做好出车准备。

（二）建立防护体系

由集团公司供电调度驻所联络员负责驻所防护，防护信息传递按照驻所联络员→应急处置小组组长（抢修负责人）→现场防护员模式传递。应急处置小组组长组织供电专业负责现场防护。驻所联络员与应急处置小组组长通过 GSM-R 手持终端联系，现场防护员与应急处置小组组长及各专业人员可通过对讲机联系。

应急处置小组组长组织相关专业做好应急处置准备

工作，并指派专人负责做好应急处置小组人员、工机具、材料的清点工作，并做好登记。

(三)应急处置流程

1. 出行方式。

出行方式参照本节“二、应急处置流程/(二)处置流程/1. 出行方式。”当出动接触网作业车(抢修列)抢修时，按救援列车办理。出动前，供电调度员应将车号、存放地点、运行区间及到达地点等事宜通知列车调度员，列车调度员(或车站)优先办理接触网作业车(抢修列)出库、放行等事宜。接触网作业车(抢修列)驾驶人员可通过无线调度通信设备联系接触网作业车(抢修列)出库。

2. 到达现场后，供电专业人员确认停电后，应急处置小组按规定开展处置，并及时报送处置信息。

3. 处置完毕后，应急处置小组组长向车间指挥组汇报，并申请撤离。经同意后，应急处置小组组长组织所有人员携带工机具、材料撤离栅栏门。

4. 确认人员、工机具、材料撤出栅栏门后(登乘动车或列车返回的须确认人员、工机具、材料全部登乘完毕)，方可办理销记，同时供电专业负责做好送电相关手续。

5. 所有人员统一返回驻地，各专业将工机具、材料清点入库，摆放整齐，结束应急处置工作。

第五节　道岔无表示故障应急处置

一、电务专业应急处置流程

电务专业“行车设备检查登记簿”登销记模板见附件22。

道岔无表示故障人工手摇道岔准备进路

1. 无联锁或联锁失效时接发列车准备进路的有关要求

集控站车务应急值守员(车站值班员)组织车务、工务、电务人员现场人工准备进路。

电务根据车务人员组织,负责打开道岔转辙机安全接点,按规定手摇道岔至进路所需位置并确认尖轨密贴。

2. 道岔故障通知及检查处理规定

(1)道岔设备故障时,列车调度员(车站控制时为车站值班员)应停止使用该道岔,立即通知工务、电务人员处理。

(2)工务、电务人员接到故障通知后,应立即检查、处理。如需上道检查、处理时,按规定办理相关上道手续。

①电务部门处置道岔故障需转换 CTC 操作方式或控制模式时,车站值班员(车务应急值守员)报告列车调度员,按规定进行转换。

②工务、电务部门修复故障,在“行车设备检查登记簿”内销记,恢复正常使用。

③遇道岔一侧失去表示时,对有表示的一侧,电务专

业签认“×站×号道岔反(定)位停用,可经定(反)位正常开放信号接发列车”,工务专业签认行车限制条件后,对有表示一侧,按工务、电务签认的行车限制条件,开放信号组织行车。

3. 故障暂不能恢复,但具备放行列车条件时,应根据设备管理单位登记的停用范围及行车限制条件办理接发列车和调车作业。

车站(线路所)道岔失去表示处置补充规定:

(1)经操作恢复表示或修复的,电务部门在“行车设备检查登记簿”销记后,工务部门可停止检查,在“行车设备检查登记簿”上按“工务设备正常,恢复正常使用”进行销记,并在当日天窗内安排人员检查。

(2)未修复前(含定位或反位单侧失去表示),按集团公司相关规定处置。

(3)当集中联锁车站道岔失去表示时(已准备好进路后进路上的相关道岔失去表示时除外),车站值班员(列车调度员)应单操该道岔不超过3个来回(如定位无表示,从定位单操到反位,再单操回定位记作1个来回),如2个及以上来回道岔定、反位均有表示时,按照道岔设备正常组织行车,调度集中区段集控站由列车调度员电话通知调度所电务、工务调度;其他车站由车站值班员电话通知电务、工务人员,报告列车调度员,列车调度员通知调度所电务、工务调度。车站值班员(列车调度员)不登记“行车设备检查登记簿”,列车调度员不填写安监报1。

二、工务专业应急处置流程

1. 生产调度监控中心接到道岔故障后，立即通知责任车间、所在地工队迅速携带应急包等工具赶赴车站检查处置，驻站联络员立即携带"工务专业'行车设备检查登记簿'登销记模板"（见附件 23）到达车站立即办理上道检查，并粘贴在"行车设备检查登记簿"（运统 46）上。

2. 现场负责人确定上道检查命令后，现场处置人员对故障道岔的转辙部位进行检查。重点检查尖轨、可动心轨及竖切部位的密贴情况，道岔转辙部位是否有异物导致卡阻，道岔转辙部位水平螺栓状态，道岔转辙部位高低、岔枕空吊板状态，道岔范围内的绝缘接头状态，直至查明故障原因。

3. 经电务、车站操纵恢复表示或修复的设备，工务人员即可停止检查，并在电务专业销记后按"工务设备正常，恢复正常使用"进行销记。当日天窗内安排人员检查。

4. 如确认因工务原因导致道岔失表时，要针对故障情况立即组织人员抢修，尽快整修并恢复道岔良好状态。同时通知电务专业配合对道岔进行调整。

第六节　区间轨道电路"红光带"故障应急处置

一、电务专业应急处置流程

高速铁路"行车设备检查登记簿"登销记模板（电务）

见附件24。

（一）高速铁路区间轨道电路非列车占用“红光带”故障（异物侵限报警红光带除外）

区间轨道电路“红光带”应急处置

1. 区间闭塞分区非列车占用红光带

（1）故障闭塞分区及起止里程由电务部门在“行车设备检查登记簿”上注明，并须注明防护该闭塞分区的通过信号机号码或信号标志牌号码。

（2）工务部门未签认具备列车放行条件时，不得放行列车。但下述情况，工务部门可不上线检查，按电务部门销记原因销记。

如CTC/TDCS显示的区间故障红光带在联锁控制台显示范围内、联锁控制台该区段未显示或闪现“红光带”，且电务部门确认为CTC/TDCS系统故障造成，电务登记停用CTC/TDCS设备，并注明信联闭设备正常，按电务部门登记的行车限制条件组织行车。

因电源故障导致自动闭塞区间三个及以上闭塞分区同时闪现“红光带”时，“红光带”消失且电务部门签认故障原因为电源故障、设备恢复正常后，可恢复正常行车。

自动闭塞区段因改变闭塞方向，造成区间闭塞分区轨道电路非列车占用闪现“红光带”时，“红光带”消失且电务部门签认故障原因为电务原因，设备恢复正常后，恢复正常行车。

2. 区间通过信号机（闭塞分区非列车占用“红光带”）故障

故障暂时无法修复,具备列车放行条件时的行车办法,按《铁路技术管理规程(高速铁路部分)》(简称《技规》)第374条执行。列车恢复运行,区间通过信号机未显示允许运行信号时,动车组司机将列控车载设备转入目视行车模式。

(1)故障已修复(含闪红)但工务未检查完时。电务确认故障为电务设备原因并在"行车设备检查登记簿"销记后,工务即可停止检查,在"行车设备检查登记簿"上按"工务设备正常,开通后第一列采取限速"进行销记。列车恢复运行时,司机在该闭塞分区通过信号机(区间信号标志牌)前停车等候2 min后以遇到障碍能随时停车的速度,最高不超过20 km/h(动车组列车最高不超过40 km/h),越过该闭塞分区,按次一通过信号机显示(列控车载设备显示)运行。

①有条件时,工务部门应安排人员登乘后续列车检查,并在当日维修天窗内检查。

②列调接到司机发现异常报告时,应迅速封锁线路,通知工务、电务部门上道检查、处置。

(2)故障未修复但电务已确认为电务设备原因时,电务人员在"行车设备检查登记簿"上登记设备故障原因及行车条件。工务即可停止检查,人员撤离到安全限界以外,并在"行车设备检查登记簿"上按"工务设备正常"进行销记,同时安排人员就近登乘后续列车检查确认。故障仍未修复的,按照集团公司应急指挥领导小组要求办理申请手续,工务、电务部门继续按规定组织人员对故障区段进行检查。

(二)高速铁路站内轨道电路非列车占用“红光带”故障

1. 工务、电务等有关部门人员现场检查,应得到本线封锁允许上道作业的调度命令同意,方可进入防护栅栏内上道作业;邻靠正线的作业,须得到本线封锁、邻线限速允许上道作业的调度命令同意,方可进入防护栅栏内上道作业。

2. 因电源故障导致站(场)内 3 个及以上轨道电路同时闪现红光带时,红光带消失且电务部门签认故障原因为电源故障、设备恢复正常后,可恢复正常行车,工务人员可停止检查,按电务销记原因销记。

3. 故障暂时无法消除,工务、电务部门现场检查完设备和确认具备列车放行条件,列车调度员确认故障区段空闲后,按以下规定办理行车。

(1)站内无岔区段出现红光带。接、发车可开放引导信号时,办理引导接、发车进路,列车凭引导信号进、出站;引导信号因故不能开放及出站信号机未设引导信号,准备好进路后,列车凭调度命令进、出站。

(2)道岔区段出现红光带时,若道岔开通接发列车进路所需位置,按站内无岔区出现故障红光带接发列车规定办理;若道岔未开通接发列车进路所需位置,按道岔故障需现场准备进路办理。

二、工务专业应急处置流程(见附件 25)

生产调度监控中心接到红光带故障信息后应立即启动应急预案,通知所在地巡检工队负责人,安排驻站联络员携带“高速铁路‘行车设备检查登记簿’登销记模板(工务)”(见附件 26)赶往车站办理上道检查手续并粘贴在“行车设备检查登记簿”(运统 46)上。

现场检查人员应针对红光带发生的区段、里程,选择最便捷线路(步行、汽车和轨道车)赶赴现场检查处理,同时通知后续人员准备套筒扳手、电子道尺、活动扳手、无损夹具、道岔加固装置等抢修机具材料赶赴现场。如需采用登乘列车或开行轨道车(机修(运输)车间需在接轨道车使用通知后白天 15 min 内、夜间 20 min 内具备动车条件)等方式赶赴现场时,立即向列车调度员提出申请。处置人员须在接通知后 20 min 内到达登乘地点上车。

1. 故障已修复(含闪红)但电务专业未检查完时,电务专业确认故障为电务设备原因并在“行车设备检查登记簿”销记后,工务人员在“行车设备检查登记簿”上按“工务设备正常”进行销记。当日维修车间需在天窗内安排人员进行检查。

2. 故障未修复但电务专业已确认为电务设备原因时,工务人员即可停止检查,人员撤离到安全限界以外,并及时将信息通知生产调度监控中心,在“行车设备检查登记簿”上按“工务设备正常”进行销记。故障仍未修复的,按上级要求办理相关手续,继续按规定组织人员对故障区段进行检查。

3. 检查确认为工务设备不良造成轨道电路红光带的,按照《南宁局集团公司高速铁路突发事件应急预案》(宁铁运〔2017〕31 号)附录 11 第 3.8 条规定办理。

4. 检查确认为断轨的,检查人员要确定断轨具体信息(含里程、断轨部位、断缝大小等),并及时向生产调度监控中心汇报,按照《南宁局集团公司高速铁路突发事件应急预案》(宁铁运〔2017〕31 号)附录 11 第 3.1、3.2 条规定办理。

第四章 高速铁路综合维修一体化作业现场防护

第一节 基本内容

一、基本原则

(一)防护原则

凡进入铁路防护栅栏、桥面和隧道内检查、作业、设备故障及自然灾害应急处置或在线路封闭范围以外进行有可能影响行车安全的作业时,必须设驻站联络员和现场防护员,严禁不设防护就开始作业。

(二)综合防护含义

维修天窗期间,由维修主体单位安排1名驻站联络员,各作业单位分别指定1名现场防护员(垂直天窗下可由作业负责人兼任)担任现场主防护员,由驻站联络员代表各作业单位签认调度命令,并向各作业单位现场主防护员传达调度命令、通报列车运行信息,再由各作业单位现场主防护员向本单位现场防护员传递的防护方式。

二、工作职责

防护员按照防护职责分为驻站联络员(含驻调度所联络员,以下统称为驻站联络员)和现场防护员(含增设的中间联络员)。

1. 掌握当日施工(维修)作业项目、地点、内容、方式、人员数量、安全风险点、施工负责人与联系方式、各作业组所处位置(里程)等。

2. 按规定携带防护用品。

3. 负责对作业人员劳动安全和施工作业范围内(含上下工行走区段)行车安全的防护。

4. 驻站联络员负责在车站办理登、销记手续,对调度命令与登记内容进行核对确认,将确认的施工(维修)调度命令通过现场防护员转达给作业负责人。随时掌握列车运行及现场作业情况,及时向现场防护员发出预报、确报和列车临时变更等信息。

5. 现场防护员应与驻站联络员、作业负责人随时保持联系,加强瞭望,转移作业地点时必须先联系,掌握列车运行动态,确认安全后方可转移。

6. 现场防护员在作业负责人的指挥下设置、撤除各类防护标志(牌),当发现来车或接到来车通知时,立即通知作业负责人、作业人员按规定距离下道避车,并督促、确认作业人员、工(机)具、材料处于安全地点,按规定显示信号灯(白天为信号旗)接车。

7. 作业负责人违反防护规定或违章指挥时,防护员有权向施工作业负责人提出整改意见，可能影响安全时应立即纠正或制止，如作业负责人拒绝纠正时，可逐级或越级汇报。

8. 发现危及行车安全时，防护员应果断拦停列车或通知车站值班员（调度员）扣停列车。

三、防护内容

（一）通话试验

维修开始前 30 min，驻站联络员与现场主防护员进行通话试验，联系不上时不准作业。

（二）传令方式

综合防护时，车务应急值守人员（含车站值班员，下同）接令后须第一时间与驻站联络员办理签认交接。调度命令、防护信息由驻站联络员传递至专业主防护，再由专业主防护专递至现场防护员。驻站联络员与专业主防护员、专业主防护员与现场防护员间可使用具备录音、拍照、组群、通话等功能的手持终端作为辅助工具进行联络，辅助手持终端通信不畅时，驻站联络员需使用 GSM-R 手持终端联系确认或传递命令。调度命令传递需进行复诵确认。

（三）动力运行

遇维修作业地段内动力运行需车站准备进路时，由驻站联络员向车务应急值守人员通报动力运行计划（自轮运转特种设备进出段管线除外），驻站联络员须征得该进路所有维修单位主防护员同意后,方准通知司机要道。车务应急值守人员于进路准备妥当后向司机还道。作业范围内有动力开行时各作业组需安排专职防护员,同时防护员需显示停车信号,人员、机具下道完毕方允许撤除。作业区段内有动力运行时,按以下方式执行:

1. 接车时,区间维修作业于邻站开车后通知1次,站内维修作业于邻站开车后、接车前各通知1次。

2. 发车时,于发车信号开放好后通知1次。

3. 调车时,于调车进路准备妥当后、信号开放前通知1次。

4. 动力在作业范围内移动时,由现场防护员负责防护。

(四)操纵道岔

维修作业时,需单操道岔进行检查、试验时,有电务人员参与作业的,由电务人员负责操纵;无电务人员参与作业的,由车务应急值守人员操纵。现场防护员确认道岔具备转换条件后向驻站联络员提出申请,驻站联络员向车务应急值守人员或电务人员通报,讲明道岔编号及需单操的位置。

(五)进入栅栏

天窗封锁点前,由作业负责人组织本单位所有作业人员在防护栅栏外列队等候,布置入网到达作业地点的行走路线及安全事项,清点人数、工机具和材料,并按规定做好记录(设专职防护员时由现场防护员配合作业负责人做好该项工作);作业负责人接收封锁命令并确认天窗开始方可入网(设专职防护员时需共同确认),作业人员全部进入后检查确认防护栅栏作业门锁闭情况。

(六)撤销防护

维修作业结束,各作业单位现场主防护员确认本单位作业人员及机具、材料均已撤离至防护栅栏外后,通知驻站联络员,驻站联络员确认各作业单位现场主防护员均已汇报本单位作业组全部撤离至防护栅栏外后,结束防护。

(七)涉及停送电作业防护

需接触网停、送电作业时,由供电部门按规定指派要令人员与集团公司供电调度员办理停送电作业手续,准许停电命令由驻站联络员单独向供电现场主防护员传达。

四、防护设置

(一)驻站联络员设置

1. 综合维修作业时,由当日维修作业主体部门指派1名具备相应资质的人员担任综合防护驻站联络员,各作业部门分别指定1名现场防护员担任现场主防护员,由综合防护驻站联络员代表各作业部门签认调度命令并向各作业部门现场主防护员传达调度命令、通报列车运行信息,再由各作业部门现场主防护员向本部门现场防护员传递。

2. 根据作业需要,相关专业也可增派人员协助驻站。电务专业的控制台检修及联锁试验时由电务专业增派操作人员。需接触网申请停、送电或间接带电命令时，供电专业可在信号楼（行车室）或作业现场指定人员与调度所供电调度员办理停、送电或间接带电命令手续。综合防护驻站联络员向现场防护员传达命令或通报信息时，顺序为：供电、工务、电务、其他；接到信息后，现场防护员要复诵确认。天窗作业开始前1 h由综合防护驻站联络员登记“运统46”。

3.“运统46”销记：综合防护驻站联络员按照现场各作业组作业负责人作业完毕的通知，确认当日防护区段内所有作业组均作业完毕下道、作业车已返回车站后，在“运统46”上销记。

（二）现场防护员设置

1. 按作业点单元设置防护。

（1）在区间直线地段作业时以100 m范围为1个作业点单元，曲线及瞭望条件不良地段（上、下行瞭望距离不足500 m）以50 m范围为1个作业点单元。

（2）站内道岔群地段作业时按不超过3组道岔且不超过150 m范围为1个作业点单元（交叉渡线、复式交分整组道岔为1组）。

（3）作业组间距超过50 m时按另1个作业点单元另派现场防护员；视、听不良或通信不畅地段应适当增加中间联络防护员数量。

（4）遇风雨、雷电、大雾等恶劣天气原则上不得安排上道作业，必须上道时必须采取可靠的安全防护措施。

2. 接触网停电作业现场防护员设置。

在区间或站场进行接触网停电维修作业,现场防护人员应分别站在作业区段的两端地线外50 m处,显示停车信号。当上下行同时封锁时,现场防护员站在能兼顾上下行的两线间进行防护;当地形限制无法同时兼顾上下行防护任务时,应增设现场防护员。

3. “V形天窗”现场防护设置。

“V形天窗”每个作业组均应设置专职现场防护员。专职现场防护员在防护时,不得侵入安全限界。在区间或站内线路、道岔上作业时,专职现场防护员应站在作业线一侧瞭望视线较好的有利位置,不得站在邻线一侧防护本线。

4. 当轨道作业车运行径路上有其他作业组或作业车驶离计划作业范围时,或轨道作业车作业范围相邻线路上有其他作业组时,在动车前,行车指挥人与各作业组防护员进行联系,确认人员、机具均已下道,具备动车条件后方可动车;各作业组在作业方案中要对车辆运行情况进行明确。作业结束返回后现场防护员须向驻站联络员汇报作业车返回车站情况。

5. 有路用列车等动力设备进入封锁区段时应根据情况增设两端防护员。

第二节　GSM-R手持终端的使用

GSM-R(global system for mobile communications-railway)

为铁路数字移动通信系统,GSM-R 手持终端设备是指在 GSM-R 网络中能实现或获得业务服务的手持移动设备,可分为通用台(GPH)、作业台(OPH)和调车台(OPS)。

GSM-R 手持终端使用方式

一、GSM-R 手持终端的管理

GSM-R 手持终端及 SIM 卡是运输生产的专用行车设备。GSM-R 手持终端分作业台、通用台、调车台三种类型。作业台(OPH)支持调度通信业务,主要用于列车、车站、编组场、沿线区间及其他铁路作业区的各工种工作 人员话音和数据通信。通用台(GPH)主要供编组站、中间站参与调车作业的外勤等人员使用,用于话音与数据通信。目前,南宁局只配备有作业台和通用台两种手持台。

二、GSM-R 手持终端的基本功能

(一)点呼

点对点语音呼叫。

(二)组呼

可以有多个用户接听,但同一时间只能有一个用户可以讲话的群组呼叫。常见组呼有“210”和“299”,其中“210”组呼的功能是接续车站基站区所有用户,“299”组呼(也称紧急呼叫)的功能是接续相邻三个基站覆盖区域内的所有用户和所属调度员,非紧急情况严禁操作。用户需按住“PTT”键来占用“讲话权”,松开“PTT”键则释放“讲

话权”,抢占“讲话权”成功后可以讲话。

（三）广播

与组呼相似,但只有广播的发起者可以讲话且无须按住“PTT”键,其他多个用户只能接听,无法抢占“讲话权”,南宁局暂未开通此项业务。

（四）短号码呼叫

用于快速接入特定用户,常用的有 1200 和 1300。在 GSM-R 业务覆盖区段,无论在车上还是铁路沿线,发起 1200 呼叫即可接通所属调度台,1300 可接通与当前地理位置最近的车站值班台(值班员)。

（五）功能号呼叫

1. 功能寻址是指用户可以由他们当时所担当的功能角色,而不是他们所使用的终端设备号码(手机号)来寻址。在同一时刻,可以为一个用户分配若干个功能号。例如,可以给每列正在运行的列车司机分配一个功能号,当某位司机驾驶 D1234 次列车从桂林出发时,他必须向网络注册该功能号,网络负责将该功能号与他当时所使用的机车电台的真实号码对应起来。当调度员、车站值班员或其他工作人员需要呼叫 D1234 次司机时,他不必知道该司机的姓名,也不必知道该司机使用的机车台号码,他只要向网络请求“我要呼叫 D1234”,网络查询其数据库,将 D1234 对应到一个真实的电话号码上,然后接通该呼叫。

2. 铁路专用通信中有许多类似情况,因为从运输管理的角度出发,主叫方在发起呼叫时更多的是使用被叫方所担当的功能角色编号。由于谁在担当这个功能角色是在动态变化的,所以该编号与真实的物理号码之间的对应也是在动态变化的。

三、手持台发起“299”组呼流程

“299”组呼通信是由 GSM-R 移动终端发起,具有最高优先级的铁路紧急组呼,用于在危急行车安全的紧急情况时,与所在位置沿铁路上下行多个无线小区覆盖范围内相关人员的组呼通话。“299”组呼的呼叫范围是相邻三个基站覆盖小区范围内的具有“299”组呼功能用户,一旦组呼发起后,将切断该范围内所有开通“299”组呼功能用户的通话,并将开通“299”组呼功能的用户纳入组呼。组呼的发起方为:机车司机、运转车长、助理值班员(车务应急值守人员)、工务维护人员;组呼的接收方为:列车调度员、车站值班员、助理值班员(车务应急值守人员)、机车司机、随车机械师、工务维护人员。组呼的发起地点为全线 GSM-R 信号覆盖的任何地点。开通“299”组呼功能的用户只需拨打“299”即可发起紧急呼叫。其呼叫流程如下:

1. 检查 GSM-R 手持终端信号强度,是否已经连接上 G 网(图 4-1(a))。

2. 在手机解锁状态下,使用手机键盘输入“299”(图 4-1(b))。

3. 点击“呼叫类型”(图 4-1(c))。

4. 选择“组呼”后单击左下角“选择”(图 4-1(d))。

5. 单击“确定”后呼出(图 4-1(e))。

6. 成功发起“299”紧急呼叫(图 4-1(f))。

7. 按住“PTT”键后申请讲话(说话时需一直按住“PTT”键)(图 4-1(g))。

8. 点击“关闭”结束紧急呼叫(图 4-(h))。

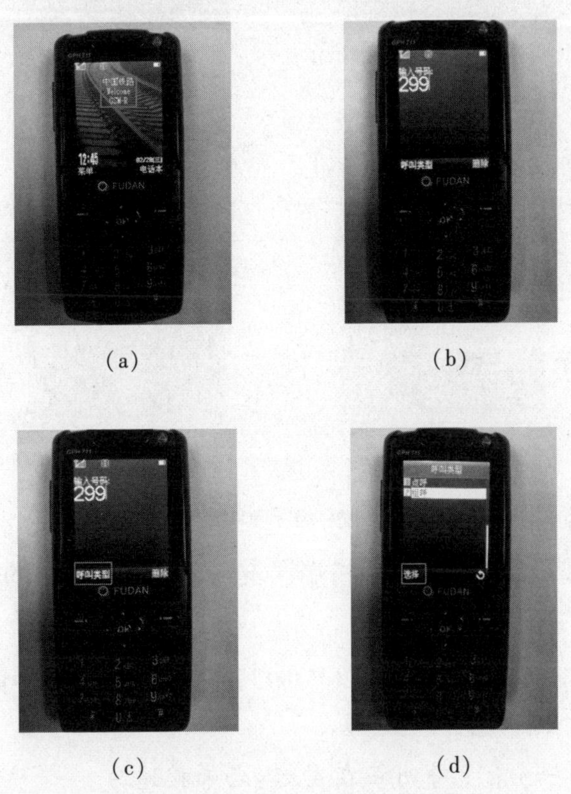

(a)　(b)

(c)　(d)

图 4-1　“299”组呼呼叫流程

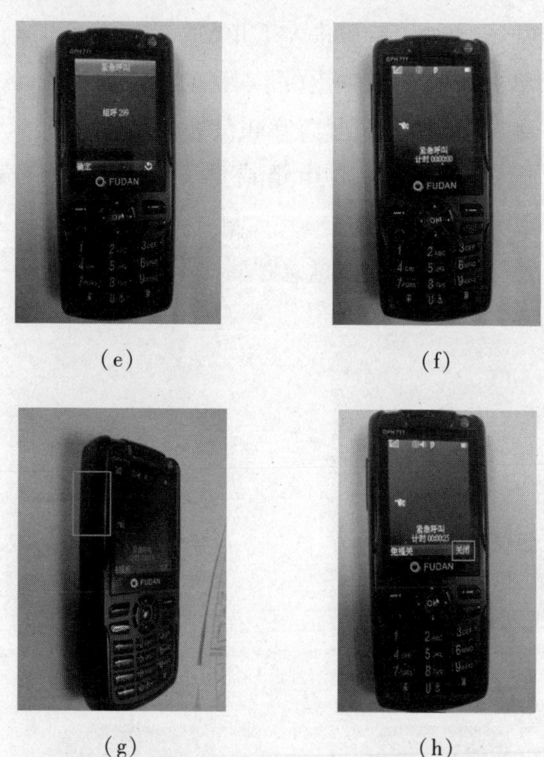

(e) (f)

(g) (h)

图 4-1 "299"组呼呼叫流程(续)

四、GSM-R 手持终端误发"299"紧急呼叫的处置方法

GSM-R 手持终端误发"299"紧急呼叫,存在 3 种情况,根据不同情况,区别处理。

(一)紧急呼叫正在发起,尚未接通

紧急呼叫正在发起,尚未接通时,屏幕显示"拨号中,

紧急电话”。

步骤一:按右下方“取消”功能键或红色挂机键,立即取消。

步骤二:取消后,返回通话记录(联系其他手持终端),确认紧急呼叫未接通。

(二)紧急呼叫已经发起并接通,屏幕显示通话计时

步骤一:先不要挂机,按下 GSM-R 手持终端左侧“PTT”键。

步骤二:屏幕上方出现说话标示后,呼叫内容:“本次紧急呼叫发起者×××(姓名)桂林高铁基础设施段,不影响行车”。待列车调度员确认答复后,呼叫人正常拆除紧急呼叫。

步骤三:挂机结束紧急呼叫之后,立即向段生产调度监控中心汇报情况,说明“车间,工队/班组,姓名,手持台号码,在哪个区间”等关键信息。

步骤四:段生产调度监控中心接到汇报后,立即报告行调台和电调。

第三节　作业班前会及工具材料清点

一、作业班前会

(一)时间安排

不晚于图定天窗前 1 h,由工区工长(或指定人员)根据

车间日例会内容及段监控中心审核通过的派工单，召集本工区当日各作业班组相关人员召开。

作业班前会及工具材料清点标准用语

（二）会议组织流程

1. 班前布置会流程

（1）开场白（点名确认）。

工班长：××年××月××日××时××分，××车间（专修队）××班组召开班前工作布置会，先点名：“××”。

职工：到！身体状况良好，劳保齐全，可以上班。

工班长：××（依次对作业人员进行点名）。

（2）核对批复作业计划。

工班长：根据局批复日计划，今天天窗作业计划在××线××站至××站（具体里程×× km×× m 至×× km×× m）上（下）行进行××作业，天窗计划时间××时××分至××时××分，登记站：××。根据一体化作业内容，本次作业有××专业××作业组作业里程与我们有重叠（与其他专业、班组共用作业里程或栅栏门时需重点说明）。

（3）布置作业任务及分工。

工班长：现在开始分工。

①×××作业组负责人×××，作业人员×××、×××，驻站联络员×××，现场防护员×××，使用对讲机（GSM-R 手机）防护，共计×名；作业地点……；作业内容为……；携带工具、材料……；计划从××号栅栏门进，××号栅栏门出，使用的交通方式是……。

②×××作业组负责人×××，作业人员×××、×××，驻站联络员×××，现场防护员×××，使用对讲机（GSM-R 手机）防护，共计×名；作业地点……；作业内容为……；携带工具、材料……；计划从××号栅栏门进，××号栅栏门出，使用的交通方式是……。

(4)组织学习作业标准和要求、安全风险提示。

工班长根据当晚作业项目、内容使用投影组织学习"检维修任务字典""作业指导书"相关作业标准和要求，明确安全卡控措施，熟悉作业标准。跟班干部对作业要求进行补充或强调。

(5)检查作业组员掌握情况。

工班长：大家对作业内容是否了解，下面开始抽问（抽问不少于作业人员三分之一，防护员必问）。

工班长：××。

职工：本人主要负责……，重点卡控……（简单罗列）。

(6)班前每日一题。

作业带班负责人针对当日作业内容、作业标准提问。

工班长：××。

职工：××。

(7)派工单签字确认。

全部作业人员都需要在派工单的正面底部上签字确认。

(8)宣布会议结束。

工班长：各班组（人员）有需要协调解决的问题吗？没有的话，会议到此结束，请做好工作落实，确保安全生产。

2. 工具材料清点

工具材料清点实施“六清点制度”，分别为出库清点、到达作业门前清点、上道清点、下道清点、出作业门清点、入库房清点。

(1)出库清点。作业组负责人组织对出库工机具、材料、作业人员进行清点，对工机具、材料及防护备品进行试机检查及确认，对作业人员及司机身体状态进行确认，同时开展汽车设备出车前检查。

(2)到达作业门前清点(进门前)。作业组负责人再次组织对人员、工机具、材料进行清点，再次确认作业人员身体状态，交代作业安全注意事项，检查作业人员劳动保护用品携带情况。

(3)上道清点(到达具体作业地点开始作业前清点)。作业组负责人组织对人员、工机具、材料进行上道清点确认，检查人员是否到位、工机具、材料是否遗漏，清点完毕开始按标准作业。

(4)下道清点(作业结束清点)。作业结束后，作业组负责人组织进行作业结束时人员、工机具、材料清点确认，同时组织开展清场回检，确认无机具材料遗留，随后组织出发前往作业门出栅栏(作业结束转场作业严控清点制度。转移作业地点时，须再次对人员、工机具、材料进行清点核对)。

(5)出作业门清点(作业结束后到达作业门清点)。作业组负责人组织对人员、工机具、材料进行清点，确认人员、工机具、材料与进门前一致(不一致或消耗材料时进行说明)，确认人员、工机具、材料全部撤出栅栏后，锁闭作业门，通知驻站联络员本组作业人员、工机具材料已全部撤出栅栏，撤销本组防护。

(6)入库房清点。作业组负责人组织对工机具、材料进行入库房前清点，组织对工机具、材料按要求做好入库摆放和登记，同时再次清点人员情况。

第四节　现场确认复线区段上行下行线路

一、相关规定

双线区段上下行按《技规》第211条规定，列车运行原则上，以开往北京方向为上行，反之为下行。

现场确认复线区段上行下行线路

二、确认方法及步骤

(一)栅栏门确认

1. 施工负责人、现场防护员根据当天作业内容确认栅栏门编号正确。

2. 进栅栏门前，确认示意图上行下行(栅栏门上有标志铭牌，标有栅栏门所处的上下行线和方向)。

(二)设备标识、标牌确认

1. 接触网支柱杆号牌

接触网杆号确认：单数侧为下行，双数侧为上行。

2. 信号设备标识、标牌确认

(1)通过信号机编号确认:奇数为下行,偶数为上行。

(2)区间信号标志牌编号确认:奇数为下行,偶数为上行。

(3)轨道电路防护盒编号确认:奇数为下行,偶数为上行。

(4)进站信号机编号确认:S、XF、XN 为上行,X、SF、SN 为下行。

3. 里程确认

面向大里程方向,左侧为下行,右侧为上行。

(三)应急防护

遇到特殊情况防护,需要拦停列车的手信号。

昼间:展开红色信号旗。

夜间:红色灯光。

昼间无红色信号旗时,两臂高举头上两侧急剧摇动。

夜间无红色灯光时,用白色灯光上下急剧摇。

第五章

高速铁路综合维修一体化作业组织

高速铁路综合维修一体化作业组织是实现高速铁路工电供综合维修生产一体化改革,创新高速铁路基础设施运营维护管理模式的重要部分,在提升高速铁路基础设施养护维修质量和效率效益,确保高铁运营安全上具有重要意义。

第一节　基 本 内 容

一、基本原则

高速铁路一体化作业组织要求厘清权责界面实现专业管理贯通,统筹生产计划实现检修周期匹配,突出集约高效,资源综合利用,建立"一体化管理、集约化组织、专业化维修"的管理体系。

二、部门职责

(一)生产技术中心

生产技术中心主要负责各专业维修技术管理,设施设备的安全质量管理，生产计划编制和生产组织落实，车间的技术业务和生产业务指导，施工、专项维修组织(含外单位配合)，监测、检测及数据分析。下设专修队，以满足最小作业组织单元为原则设作业班组，完成全段范围内有规模的专项集中修。

(二)生产调度监控中心

生产调度监控中心负责协调三个专业维修技术中心，优化天窗安排，形成三个专业年度、月度轮廓计划；组织天窗计划上报、下发，落实天窗兑现、计划完成等情况。

(三)综合维修车间

综合维修车间根据周生产计划，组织专修队、专业车间、专业工区，结合生产、运输及后勤保障能力，制定周维修天窗计划，明确每日作业计划，组织协调综合维修一体化生产。

(四)专业工区

专业工区依据日作业计划，牵头制定每日综合维修一体化作业安全方案及注意事项，组织现场实施。

三、作业组织流程

(一)作业主体

高速铁路一体化作业组织需明确综合维修作业主体，作业主体工区确定原则：有轨道作业车参与的作业，由使用轨道作业车的工区作为作业主体；无轨道作业车参与的作业，作业主体按专业工区、工务（道岔、线路、钢轨、桥隧、探伤）专修队、供电（接触网、电力工区、电力维修队、变配电修试、供电检测）专修队、电务（信号集中修、电子检测）专修队排序。

（二）“三会”制度

为确保高速铁路一体化作业组织顺利进行，每日作业参考流程如图 5-1 所示。作业组织遵循“三会”制度，其中“三会”包括施工（维修）作业协调会、班前布置会、作业后收工小结会，要求如下：

1. 施工（维修）作业协调会（非专业工区作业小组一同参与当日作业）。

一体化维修协调会分为综合维修车间、专业维修工区两个层面，工区层面由主体专业维修工区牵头组织召开，通知相关作业工区作业负责人、驻站联络员参会。车间层面由综合维修车间干部主持（涉及轨道作业车配合的作业由综合维修车间副主任及以上人员主持）。

施工（维修）作业协调会确定综合维修作业负责人、现场作业组负责人、行车指挥人、综合驻站联络员、现场防护员的人员信息及联系方式等，对本次作业各作业小组的作业内容、作业具体地点、影响范围、人员分工、机具材料、联系程序、车辆编组及开行计划、作业防护、安全关键卡控措施等项目进行协调、布置、确定。

专业工区负责根据协调会确定的内容制定综合维修作业方案。各车间、队或其他设备管理单位作业负责人按

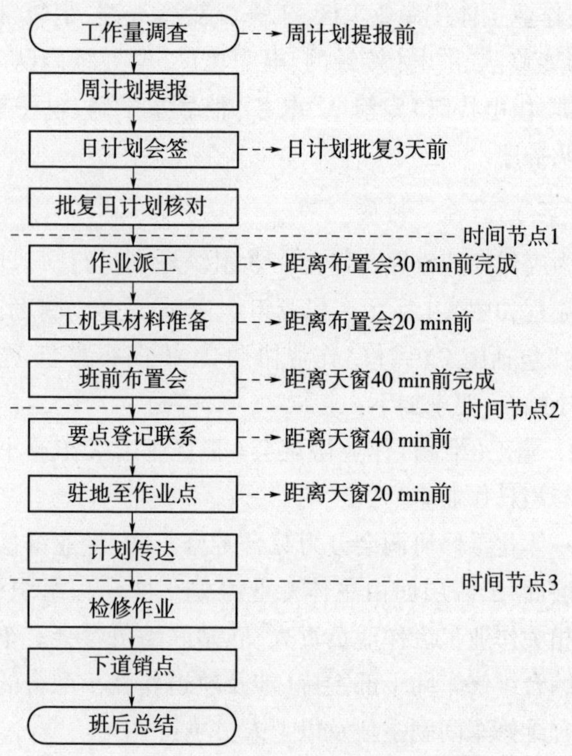

图 5-1　每日作业参考流程

要求参加会议，涉及不上线路的天窗点内作业，可委托驻站联络员参加协调会。

2. 班前布置会。

由所辖各专业维修工区组织召开，工班长（派工人）根据作业方式、作业内容、作业地点、作业组负责人、作业组成员以及天气等情况签发派工单。

召开班前布置会前，派工人（作业负责人）要根据作业方式、作业内容、作业地点、作业组负责人、作业组成员以及天气等情况签发派工单或者工作票。作业组负责人根据作业计划、生产任务以及派工单（或工作票），组织全体作业组员召开班前布置会。会上由作业组负责人询问作业组员身体状况后宣讲派工单（或工作票）并进行作业预分工，明确作业范围、作业项目、影响范围、停电范围、进出网位置、防护设置、车辆运行、工机具材料准备等要素。将本次作业任务和安全措施逐项分解落实到人，并对主要岗位人员进行针对性安全提示。

参会人员结合设备病害（缺陷）问题提出针对性整治措施，制定设备整治方案。派工人（作业负责人或发票人）、跟班干部结合作业内容、环境等对安全注意事项进行预想、提醒。轨道车司乘人员对照作业途经车站、区间，对调车转线、运行、分解地点以及联挂方式等安全卡控关键进行预想，进行一日一问。作业组成员有疑问应及时提出，作业负责人进行答疑并确认无误。供电专业需进行图示分工的作业，由作业负责人绘制图示并进行分工，指明停电和作业范围及接地线、防护位置。根据当天作业内容，作业负责人组织学习安全规章、作业指导书、相关检修工艺标准。

3. 作业后收工小结会。

对当日作业完成情况、存在的问题（包括作业组织、标准化作业制度执行、设备检修遗留问题）进行小结。收工小结会由当日作业负责人主持，各作业组分组的情况下则由分组作业负责人主持。

(三)“六清点”制度

“六清点”制度包括“出库清点、到达作业门清点、上道清点、下道清点、出作业门清点、入库房清点”。

1. 出库清点。作业组负责人组织对出库工机具、材料、作业人员进行清点,对工机具、材料及防护备品进行试机检查及确认,对作业人员及司机身体状态进行确认,同时开展汽车设备出车前检查。

2. 到达作业门前清点(进门前)。作业组负责人再次组织对人员、工机具、材料进行清点,再次确认作业人员身体状态,交代作业安全注意事项,检查作业人员劳动保护用品携带情况。

3. 上道清点(到达具体作业地点开始作业前清点)。作业组负责人组织对人员、工机具、材料进行上道清点确认,检查人员是否到位、工机具、材料是否遗漏,清点完毕开始按标准作业。

4. 下道清点(作业结束清点)。作业结束后,作业组负责人组织进行作业结束时人员、工机具、材料清点确认,同时组织开展清场回检,确认无机具材料遗留,随后组织出发前往作业门出栅栏(作业结束转场作业严控清点制度。转移作业地点时,须再次对人员、工机具、材料进行清点核对)。

5. 出作业门清点(作业结束后到达作业门清点)。作业组负责人组织对人员、工机具、材料进行清点,确认人员、工机具、材料与进门前一致(不一致或消耗材料时时进行说明),确认人员、工机具、材料全部撤出栅栏后,锁闭作业门,通知驻站联络员本组作业人员、工机具材料已全部撤出栅栏,撤销本组防护。

6. 入库房清点。作业组负责人组织对工机具、材料进行入库房前清点,组织对工机具、材料按要求做好入库摆放和登记,同时再次清点人员情况。

四、卡控措施

(一)严格方案实施

作业必须有审批后的方案,带班人员严格根据方案进行作业,不得随意变更方案,现场情况与方案不一致时,及时报车间副主任及以上干部,同意后方可变更实施。

(二)加强过程控制

组织督导人员对作业现场进行督导检查,卡控方案实施;车间干部结合带班、跟班及日常检查,卡控作业质量及计划兑现。通过工作记录仪、录音回放等监控手段卡控现场作业安全。

(三)落实质量确认

班组作业后必须落实回检制度,将回检数据记录在派工单上,对重点地段的作业,要将回检数据及现场照片上传监控中心。监控中心将回检情况纳入添乘提示卡,由各级添乘人员重点盯控,发现问题及时准确汇报调度。

第二节　钢轨绝缘安装作业举例

更换不良钢轨绝缘,能有效克服钢轨轨端绝缘隐患的问题。下面以钢轨绝缘安装作业组织为例,展开一体化作业组织过程的演示。作业流程如图 5-2 所示。

分体式绝缘安装测试

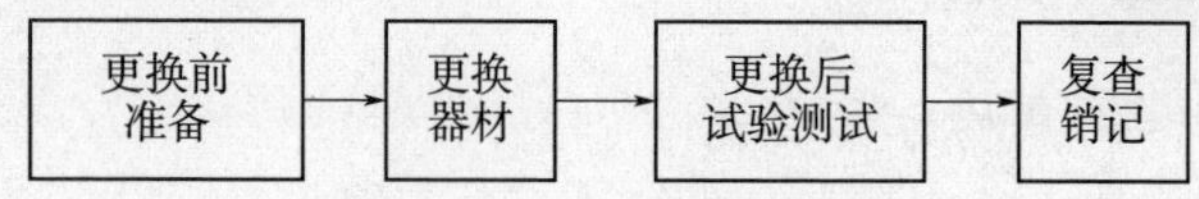

图 5-2　钢轨绝缘安装作业流程

一、绝缘安装作业前

作业前需完成分工、工具材料准备、钢轨清理以及铁屑清理部分的工作。

(一)分工

天窗点前组织各相关专业负责人按照流程召开班前会,对当天的作业进行布置及卡控。分体式绝缘接头夹板(俗称鱼尾板)及其螺栓等有关线路强度的金属部分由工务专业负责维护,其保证电气特性的绝缘部分由电务专业负责维护。

(二)工具材料准备

作业前需准备扭力扳手、活动扳手、角磨机、轨道电路故障测试仪、MF-14 型万用表、轨道电路在线测试仪、轨缝调整器、钢轨汽油切割锯等。

（三）钢轨切割

按测量要求切割钢轨，切割绝缘缝时尽量使用一张锯轨片，断面平直度要求在 0.5 mm 范围内。轨底毛刺用角磨机打磨平顺，防止夹破工字形绝缘。绝缘接头倒角有条件对安装钢轨绝缘钢轨端头按 1 mm×45°倒角。

（四）铁屑清理

在安装前对绝缘接头前后和轨端绝缘处的铁屑及杂物进行清理，防止短路。

二、安装过程及标准

安装新绝缘组按照以下步骤进行安装：

1. 安装高强度轨端绝缘。
2. 安装槽形绝缘。
3. 安装鱼尾板。
4. 安装带有绝缘管的高强度螺栓、绝缘垫、垫片、螺母，螺栓应从钢轨两侧交叉配置，不得从一侧安装。
5. 使用扭力扳手紧固，安装后确保扭矩不小于 700 N·m。

三、测试标准以及方法

绝缘安装好后需对绝缘性能进行测试，测试前要对仪表进行检查，校零试验，确认仪表良好。在两侧夹板上用锉刀除锈后，用 MF-14 型万用表电阻×1 挡测试，确保接触面电阻为 0 Ω。

(一)夹板对轨端测试。

使用 MF-14 型万用表电阻挡,在夹板与钢轨 4 个测试点测量,取最小阻值记录在测试表格中测试标准:钢轨与夹板间阻值不小于 1 000 Ω。当测试钢轨绝缘处夹板对轨端绝缘阻值小于 1 000 Ω 且大于或等于 100 Ω,应进行分解检查处理;当测试钢轨绝缘处夹板对轨端绝缘阻值小于 100 Ω,应立即更换处理。

(二)轨端对轨端之间阻值测试

使用轨道绝缘在线测试仪在绝缘接头两侧钢轨之间进行测试,其中轨道电路在线测试仪的两根表笔须进行双绞缠绕呈麻花状,校零后再进行测试(测试标准:轨端绝缘阻值不小于 20 Ω,不符合标准按以上规定处理)。

轨端对轨端绝缘阻值小于 15 Ω(极性绝缘小于 7 Ω,极性绝缘指同一轨道电路区段的道岔岔后绝缘、复式交分道岔绝缘、交叉渡线堵流绝缘、股道或无岔区段极性交叉绝缘),应立即更换处理。

轨端对轨端绝缘阻值小于 20 Ω 且大于或等于 15 Ω(极性绝缘小于 15 Ω 且大于或等于 7 Ω),应进行分解检查处理。

(三)轨端间电流测试

把轨道电路故障诊断仪摆放在接头轨端绝缘正上方测试(测试标准:流过轨端的电流等于 0 mA,不符合标准按以上规定处理)。

流过轨端的电流大于 0 mA 时,应立即更换处理。测试后填写钢轨绝缘检查测试记录表。

四、注意事项

1. 电务专业对绝缘前后 10 m 范围内的脱落鱼鳞裂纹清理；工务专业对未脱落鱼鳞裂纹及绝缘前后 50 m 范围内的脱落鱼鳞裂纹整治、清理，前后各 100 m 扣件加强复紧。

2. 轨缝宽度应保持 6~15 mm。轨缝两端钢轨轨头部位应保持平顺，高低相差不大于 2 mm，无低塌接头和轨面错牙、接头肥边。

3. 安装绝缘接头做到钢轨、槽形绝缘、夹板吻合，轨端绝缘安装应与钢轨接头保持平直，工字形绝缘头部不得高于轨面，当工字形绝缘超出轨面 2 mm 时，使用角磨机切割超出部分。

4. 鱼尾板应选择平直鱼尾板，禁止选择凹槽鱼尾板，防止绝缘磨损后铁垫片与鱼尾板触碰造成短路，不得增设弹簧垫圈。

5. 钢轨接头切割不平，轨底毛刺未清理造成短路。

6. 铁垫圈安装错误造成鱼尾板与钢轨接触造成短路。

7. 扣件触碰鱼尾板造成短路。

8. 检查绝缘接头前后两孔无防爬器、轨距杆、轴温传感器固定件。

9. 轨缝无法调整时，禁止直接切割钢轨头部造成假轨缝，应更换钢轨。

10. 接头处道床应经常保持饱满、均匀、排水良好，无翻浆冒泥。

11. 槽形绝缘磨损变薄或挤出鱼尾板，工字形绝缘下窄上宽挤压造成断裂或挤出伸长。

第三节　大机道岔脱杆捣固作业举例

进行大机清筛捣固，能有效克服道岔线路存在的问题，保障基础设备稳定运行。下面以大机道岔脱杆捣鼓作业组织为例，讲述一体化作业组织过程，作业流程如图 5-3 所示。

配合大机道岔脱杆捣固作业

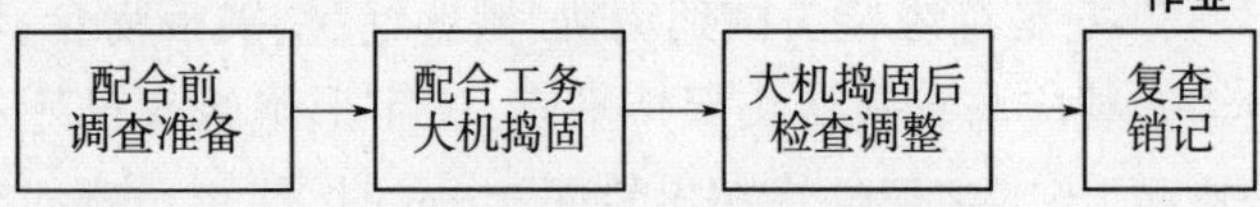

图 5-3　大机道岔脱杆捣固作业流程

一、准备工作

1. 工务专业大机捣固前，电务配合人员应对作业范围的电源线、跳线等信号设备进行防护，不利于防护的须拆除。

2. 脱杆捣固要先将道岔手摇至解锁位置，然后拆卸杆件，做好标记后放到安全位置。

3. 大机进行清筛时，由工务部门对道岔进行钩锁。

4. 确认电缆径路防护措施到位。

二、电务配合捣固作业过程及标准

1. 实行“一人一机”全程跟随大机，监控大机清筛捣固作业，如有危及设备安全时应及时制止。

2. 工务清筛下来的石砟不能掩埋任何有关的信号设备。

三、恢复安装设备及要求

1. 恢复安装电源线、跳线等。塞钉头按45°角安装后必须进行封漆，使用油笔画圆圈的方式刷漆（分体式塞钉头、螺帽安装需紧固）。

2. 恢复道岔杆件安装，发现有不良的安装装置绝缘要更换新的绝缘。

3. 恢复所有的设备时要注意型号是否正确、各部位是否紧固。

四、调整试验

1. 手摇道岔进行密贴强度及道岔表示调整至合适范围。

2. 操纵道岔试验（道岔第一牵引点2 mm锁闭、4 mm不锁闭；其余牵引点4 mm锁闭、6 mm不锁闭）。

3. 测试道岔方钢绝缘良好（标准是大于200 Ω）、测试轨道电路电压恢复正常。

4. 记录道岔开口、缺口等符合标准。

五、复查设备

1. 确认各部螺丝紧固,开口销齐全。

2. 确认转辙机内无异物。

3. 利用集中监测调阅道岔动作曲线平滑良好,道岔轨道区段电压等无波动变化,与原区段电压基本一致,其他参数正常。

4. 盖好机盖、箱盒,加锁完整。

附　　件

附件 1

月度施工计划

编号	计划号	等　级	线路	行别	施工项目	施工日期	施工地点(含站)施工里程	施工时间	施工内容及影响范围	限速及行车方式变化	设备变化	运输组织	施工单位及负责人	备　注
填写序号	无须填写	施工等级类型有:电力检修,垂停维修,Ⅰ、Ⅱ、Ⅲ级(电力检修、垂停维修本质上是纳入施工安排的维修)	填写作业区段对应线路名称	行别包括:站内;上行;下行;上、下行;单线	施工项目名称与施工方案、施工协议一致	按作业需求提报,非特殊原因不得变化	格式:地点+行别+里程	格式:时间+施工类型[类型有:封锁(表示线路封锁以及线路封锁+接触网停电)、接触网停电(表示接触网停电,线路不封锁)、其他(表示线路不封锁,接触网不停电,不影响其他单位施工及维修)]	格式:施工内容+"轨道车配合作业"(有轨道车时填写)+停电影响范围+轨道车运行备注(有轨道车时填写)。可根据计划的特殊性在施工内容后填写(具体施工里程、施工内容、配合单位、路用车运行方式以日计划提报为准)	格式:限速起止时间+限速区段+限速里程+限速数值+限速注明[如:开通后至××年××月××日施工结束时止,××线上行线××站至××站间×× km×× m至×× km×× m处限速×× km/h(其中第一列限速×× km/h)]	在此栏目填写施工结束后行车设备发生变化情况。格式:施工结束后:1. 开通××下行线××至××,×× km×× m至×× km×× m新的线路、信联、接触网设备;2. 原××下行线××至××,×× km×× m至×× km×× m转为工程线	同步安排的施工在该栏目填写"与某某项施工同步安排"	格式:施工单位名称(负责人:职务+姓名+电话)+配合单位名称(一般可填写3个负责人)	格式:限速期限:自××年××月××日起至××月××日止,共计××天

注:本文内提报需接触网停电的日计划时,必须在行车限制卡项目勾选卡片。已勾选会签单位的计划需取消勾选后再回退。

附件 2

配合施工计划审核确认单

项目 部门	审核人(同时注明车间名称)	审核日期	施工月计划号(可连续填写)	审核意见	备　注
工务维修技术中心	张三		6666、8888、9999	同意	7777 因无施工方案(不同意)

说明:1. 此确认单用于纸质版配合施工计划,也可用于调度中心确认各部门同意次月施工计划会签情况记录(电子版则由调度中心利用邮件收发计划至各相关部门)。

2. 签订纸质版时,施工单位按此单上部门顺序进行配合施工计划会签确认。

附件 3

周计划(非一体化维修计划)

序号	计划日期	计划号	流程跟踪	线别	站/区段	登记站	行别	维修等级	项目	维修类型	天窗类型	施工里程	路用车信息	施工内容	行车限制卡	时间	配合单位	作业单位及负责人	备注
填写序号	填写日期	无须填写	无须填写	填写作业区段对应线路名称	地点的表述根据施工计划内容表述填写	登记站符合作业区段范围	行别包括:站内;上行;下行;上、下行;单线	维修等级包括:Ⅰ、Ⅱ	项目填写应与作业内容一致	按专业划分,综合维修为工务	天窗类型包括:垂直、V形	上下行作业地点里程不一致时,按上、下行里程分别填写	一、格式:1. 需运行至异地站(非登记站)后进行作业时:作业前运行径路(运行方向)+作业后运行径路+作业时运行径路+轨道车信息;2. 在轨道车所在站作业时:使用轨道车在××站作业+轨道车信息;3. 轨道车从所在站进入区间时:轨道车进入区间(有行别时注明行别)作业。二、轨道车信息格式:轨道车(含平车)编号+总重+总换长+CIR 安装情况+各台车 GYK 型号+各台车 GYK 数据版本+自轮运转办年检合格证有效期。区段必须加入各台车(含平车)编组情况	作业内容+停电影响范围	根据接触网是否停电勾选卡片,无法勾选则需在备注注明	根据图定天窗填写封锁时停电时间(或不封锁时停电时间)	配合单位由配合车务站、段及配合设备管理单位组成	格式:(负责人:职务+姓名+电话+号码)	路用车是否需运行。如:轨道车已在某站。或作业前,须开行轨道车从某站(场)运行至某站(场)。作业结束后,须开行轨道车从某站(场)运行至某站(场)

附件 4

周计划（维修一体化计划）

序号	计划日期	计划号	流程跟踪	线别	站/区段	登记站	行别	维修等级	项目	维修类型	天窗类型	施工里程	封锁里程	路用车信息	施工内容	行车限制卡	时间	配合单位	作业单位及负责人	备注
填写序号	填写日期	无须填写	无须填写	填写作业区段对应线路名称	地点的表述根据施工计划内容表述填写	登记站符合作业区段范围	行别包括：站内；上行；下行；上、下行；单线	维修等级包括：Ⅰ、Ⅱ	基础设施段综合维修	根据一体化主体专业填写：工务/电务/供电等。一般情况下填写工务	天窗类型包括：垂直、V形	上下行作业地点里程不一致时，按上、下行里程分别填写	无须填写	按照“周计划（非一体化维修计划）”格式填写	格式：专业作业组+作业内容+作业影响范围。基础综合维修作业则填写“基础设施综合作业组：进行基础设施综合维修作业。”只需在施工里程选取部分区段进行施工时，则后续加上“其中，在某线某站至某站上、下行线××× m××× m至×××km××× m进行××作业+作业影响范围”。地点的表述根据施工计划内容表述填写	根据接触网是否停电勾选卡片，无法勾选则需在备注注明	根据图定天窗填写的封锁（或不封锁时停电时间）	配合单位由配合车务段、站，及配合设备管理单位组成	格式：（负责人：职务+姓名+电话+号码）	格式：一体化综合防护+专业驻站安排+轨道车作业前、后运行径路（见附件3备注）

附件 5

周计划（综合共用维修主体计划）

序号	计划日期	计划号	流程跟踪	线别	站/区段	登记站	行别	维修等级	项目	维修类型	天窗类型	施工里程	封锁里程	路用车信息	施工内容	行车限制卡	时间	配合单位	作业单位及负责人	备注
填写序号	填写日期	无须填写	无须填写	填写主体单位作业区段对应线路名称	填写主体单位+共用单位作业区段	登记站符合作业区段范围	行别包括：站内；上行；下行；上、下行；单线	维修等级包括：Ⅰ、Ⅱ	填写各单位作业项目	根据一体化主体专业填写：工务/电务/供电等。一般情况下填写工务	天窗类型包括：垂直、V形	作业里程为主体及共用单位作业范围的综合里程	无须填写	按照“周计划（非一体化维修计划）”格式填写。原则上一个区间只允许一家单位进入。当两家单位在不同行别使用轨道车时，需注明轨道车使用单位及各自作业的行别及范围	格式：主体单位（主体单位名称+维修内容）：共用天窗位置+线别+地点+里程+作业内容+轨道车配合（有轨道车时填写）+作业影响+作业负责人（职务+维修负责人+电话+配合单位）+共用单位计划信息	根据接触网是否停电勾选卡片，无法勾选则需在备注注明	根据图定天窗填写的封锁（或不封锁时停电时间）	配合单位构成：配合车务站、段+配合设备管理单位+共用单位+共用单位配合单位	格式：单位名称（负责人：职务+姓名+电话+号码）	格式：一体化综合防护+主体专业驻站安排+轨道车作业前、后运行径路（见附件3备注）

附件 6

周计划（综合共用维修共用计划）

序号	计划日期	计划号	流程跟踪	线别	站/区段	登记站	行别	维修等级	项目	维修类型	天窗类型	施工里程	封锁里程	路用车信息	施工内容	行车限制卡	时间	配合单位	作业单位及负责人	备注
填写序号	填写日期	无须填写	无须填写	填写作业区段对应线别	地点的表述根据施工计划内容表述填写	登记站符合作业区段范围	行别包括：站内；上行；下行；上、下行；单线	维修等级包括：Ⅰ、Ⅱ	工电专业综合维修	根据一体化主体专业填写：工务/电务/供电等。一般情况下填写工务	天窗类型包括：垂直、V形	作业里程为主体及共用单位作业范围的综合里程	无须填写	按照“周计划（非一体化维修计划）”格式填写。原则上一个区间只允许一家单位进入。当两家单位在不同行别使用轨道车时，需注明轨道车使用单位及各自作业的行别及范围	格式：共用单位（共用单位名称+维修）：共用天窗位置+线别+地点+里程+作业内容+作业影响+作业负责人（职务+维修负责人+电话+配合单位）	根据接触网是否停电勾选卡片，无法勾选则需在备注注明	根据图定天窗填写的封锁（或不封锁时停电时间）	配合单位由配合车务站、段及配合设备管理单位组成	格式：单位名称（负责人：职务+姓名+电话+号码）	格式：一体化综合防护+主体专业驻站安排+轨道车作业前、后运行径路（见附件3备注）

附件 7

周计划(施工推进计划)

序号	月计划号	日期	等级	流程	线别	地点	行别	施工类型	施工里程	施工项目	时间	施工内容及影响范围	限速(含邻线限速)及行车方式	行车限制卡	路用列车信息	设备变化	运输组织	主体施工单位及负责人	配合(施工)单位	备注
填写序号	月度正式计划编号格式:直接填写编号;临时施工计划:电报号+计划序号,紧急情况可仅填写“临”	根据批复月度计划或临时施工计划填写	根据批复月度计划或临时施工计划填写	无须填写	根据批复月度计划或临时施工计划填写	根据批复月度计划或临时施工计划填写	根据批复月度计划或临时施工计划填写	根据批复月度计划或临时施工计划填写	根据批复月度计划或临时施工计划填写	根据批复月度计划或临时施工计划填写	根据批复月度计划或临时施工计划填写	格式:登记站:车站名称+批复计划内容+计划信息。计划附加信息格式:月方案(月度计划)或临时施工电报+计划日期。如需顺延,写明顺延原因及顺延日期,如:×月方案(×月度计划、电报)批准日期为6~8日,因天气、运输等(非生产组织)原因,顺延至9日施工。如变电所内、开闭所等栅栏外作业,需填写××所内作业,不需封锁线路。如属于其他类施工,则必须填写不影响其他单位施工及维修	根据批复月度计划或临时施工计划填写	无须填写	按照“周计划(非一体化维修计划)”格式填写	根据批复月度计划或临时施工计划填写	根据批复月度计划或临时施工计划填写	根据批复月度计划或临时施工计划填写	根据批复月度计划或临时施工计划填写	有轨道车则按轨道车格式填写。如在栅栏外等所内作业,则填写××所内作业,不需到车站登记

附件 8

周计划（综合共用施工主体计划）

序号	月计划号	日期	等级	流程	线别	地点	行别	施工类型	施工里程	施工项目	时间	施工内容及影响范围	限速（含邻线限速）及行车方式	行车限制卡	路用列车信息	设备变化	运输组织	主体施工单位及负责人	配合（施工）单位	备注
填写序号	月度正式计划编号格式：直接填写编号；临时施工计划：电报号+计划序号，紧急情况可仅填写“临”	按主体施工计划日期相应内容填写	按主体施工计划相应内容填写	无须填写	按主体施工计划相应内容填写	填写主体单位作业区段。主体单位作业区段须大于共用单位区段	按主体施工计划相应内容填写	按主体施工计划相应内容填写	里程为主体及共用单位作业范围的综合里程	项目格式：填写各主体及所有共用单位施工（或维修）项目	按主体施工计划相应内容填写	格式：登记站：车站名称+主体计划信息+共用单位计划信息。 主体计划信息格式：主体单位（单位名称+月计划编号或临时施工电报号及序号）+线别+地点+里程+月度计划“施工内容及影响范围”栏原内容+计划附加信息。 计划附加信息格式：(×月施工方案+计划编号或临时施工电报编号+计划日期。如需顺延，写明顺延原因及顺延日期)	根据批复月度计划或临时施工计划填写	无须填写	按照“周计划（非一体化维修计划）”格式填写	根据批复月度计划或临时施工计划填写	根据批复月度计划或临时施工计划填写	根据批复月度计划或临时施工计划填写	配合单位构成：配合车务站、段+配合设备管理单位+共用单位+共用单位配合单位	

附件 9

周计划(综合共用施工共用计划)

序号	月计	日期	等级	流程	线别	地点	行别	施工类型	施工里程	施工项目	时间	施工内容及影响范围	限速(含邻线限速)及行车方式	行车限制卡	路用列车信息	设备变化	运输组织	主体施工单位及负责人	配合(施工)单位	备注
填写序号	月度正式计划编号格式：直接填写编号；临时施工计划：电报号+计划序号，紧急情况可仅填写“临”	根据批复月度计划或临时施工计划填写	根据批复月度计划或临时施工计划填写	无须填写	根据批复月度计划或临时施工计划填写	根据批复月度计划或临时施工计划填写	根据批复月度计划或临时施工计划填写	根据批复月度计划或临时施工计划填写	根据批复月度计划或临时施工计划填写	项目格式：填写各单位作业项目	根据批复月度计划或临时施工计划填写	格式：1. 共用单位(单位名称+月计划编号或临时施工电报号及序号)+线别+地点+里程+月度计划“施工内容及影响范围”栏原内容+计划附加信息+负责人及配合单位信息。 2. 计划附加信息格式：×月施工方案临时电报+计划编号或临时施工电报编号+计划日期。如需顺延，写明顺延原因及顺延日期。 3. 负责人及配合单位信息：作业负责人+职务+姓名+电话+配合单位名称	根据批复月序计划或临时施工计划填写	无须填写	按照“周计划(非一体化维修计划)”格式填写。当两家单位在不同行别使用轨道车时，需注明轨道车使用单位及各自作业的行别及范围	根据批复月序计划或临时施工计划填写	根据批复月序计划或临时施工计划填写	根据批复月度计划或临时施工计划填写	配合单位构成：车务站、段+配合设备管理单位	

附件 10

维修周计划（检测车电报运行计划）

序号	月计划号	日期	等级	流程	线别	地点	行别	施工类型	施工里程	施工项目	时间	施工内容及影响范围	限速及行车方式	行车限制卡	路用列车信息	设备变化	运输组织	施工单位	配合单位	备注
当检测车运行途经不同线别时，按线别个数分别提报计划，如需途经3个线别区段，按3个线别提报相应的3条计划同步安排	无须须写	根据检测车运行电报填写	Ⅲ	无须填写	填写检测车运行区段所属线别	根据检测车运行电报填写	根据检测车运行电报填写	其他	无须填写	根据检车运行电报填写	无须填写	格式：登记站+发车起始站+检测车电报内容	格式：开车时间（年月日）+检测车运行电报内容+电报内检测车信息	无须填写	无须填写	无须填写	无须填写	根据检测车运行电报填写	填写检测车运行途经的各运输组织单位	

附件 11

营业线施工(维修)配合通知书

________(单位名称):

根据中国铁路南宁局集团有限公司________项月度施工/日维修计划,我单位拟于____月____日进行以下施工/维修作业,请贵单位予以配合。

<table>
<tr><td>主体作业项目</td><td colspan="7"></td></tr>
<tr><td>作业日期</td><td></td><td>要点时间</td><td></td><td>登记站</td><td colspan="3"></td></tr>
<tr><td>作业地点</td><td colspan="2"></td><td>作业里程</td><td colspan="4"></td></tr>
<tr><td>作业条件</td><td colspan="7"></td></tr>
<tr><td>配合作业内容</td><td colspan="7"></td></tr>
<tr><td rowspan="2">施工单位</td><td rowspan="2"></td><td rowspan="2">作业负责人</td><td rowspan="2"></td><td>姓名</td><td></td><td rowspan="2">电话</td><td rowspan="2"></td></tr>
<tr><td>职务</td><td></td></tr>
<tr><td colspan="8">制表:　　　　　审核:

单位(盖章)</td></tr>
<tr><td>配合单位确认意见</td><td colspan="7">同意配合(不同意或不需配合,并注明原因交施工单位)

单位:签名(盖章)</td></tr>
</table>

说明:本通知一式四份,施工、监理、建设、配合单位各一份。

附件 12

路用车开行计划

序号	计划号	流程跟踪	动力设备	开行日期	开始站	折返站	结束站	出发开行信息	折返开行信息	开行条件	申请单位	司机姓名	司机电话号码	对应的行调台	关联作业计划	申请机车	类型

附件 13

高速铁路临时要点维修申请表格式

<table>
<tr><td>集团公司分管运输副总经理(总调度长)批示:</td></tr>
<tr><td>当日维修主体单位及其主管业务部室意见:</td></tr>
<tr><td>一、维修内容:
维修内容填写格式:登记站+故障信息+故障影响程度+故障处置时间+故障处置地点+故障处置内容。
注意事项:
1. 故障信息格式:故障发现时间+故障发生地点+故障现象。
2. 故障影响程度格式:填写“存在安全隐患,危及行车安全”字样。
3. 故障处置时间格式:年月日+图定天窗时间区段。
4. 故障处置地点格式:线别+区间+行别+里程。
5. 故障处置内容格式:故障处置具体内容+作业影响范围。
6. 当线路不需封锁时,在施工内容最后填写“作业期间不需封锁线路,不影响其他单位施工及维修作业。”当在栅栏外作业时,在施工内容最后填写“栅栏外作业,不影响其他单位施工及维修作业。”
7. 当需轨道车配合作业时,轨道车信息按维修计划路用列车信息格式填写,且注明轨道车进入站名及返回站名,如:青茅站,使用轨道车从青茅站进入区间上行线作业,作业完毕返回青茅站(轨道车信息:……)。
8. 在所、亭内作业时,在施工内容内注明“(××所(亭)内作业,不需封锁线路)”。登记站填写“无”。
二、维修单位:维修单位名称。
三、配合单位:××站(填写说明:需在登记站登记时,填写运输组织单位及配合设备管理单位)。
例如:
登记站:××站。×月×日×:×分确认××至××上行线×号支柱(× km× m)回流线挂塑料皮,存在安全隐患,危及行车安全。×年×月×日×:×-×:×(120 min)天窗在××线××至××站间上、下行线×× km×× m 至×× km×× m 进行</td></tr>
</table>

回流线异物处理,作业期间:××变电所 213KX、214KX,××开闭所 211KX、213KX 同时停电;××线上、下行××站至××站间;××联络线上行 0011 号隔离开关接触网设备停电;执行行车限制卡片 HL39、HL40、HL41、HL42。					
备注:	填写说明:1. 栅栏外时填写“栅栏外”				
施工单位申请人		办公电话		审核人	
		手机			
配合单位审核人					
主管业务部室审核人					

申请单位(盖章)　　配合单位(盖章)　　主管业务部室(盖章)

年　月　日　　年　月　日　　年　月　日

备注:直接要点及临时天窗每条被集团公司企法部扣 0.5 分,原则上自然月内最多扣 3 分。

附件 14

新增(变更)一体化联合作业日计划申请表

××年××月××日维修日计划

序号	计划日期	线别	站/区段	时间	登记站	行别	等级	项目	维修类型	天窗类型	施工里程	路用车信息	施工内容及影响范围	行车限制卡	配合单位	作业单位及负责人	备注
填写序号	填写日期	填写作业区段对应线路名称	营业线施工管理规定的要求编制	根据图定天窗填写的封锁(或不封锁时停电时间)	登记站符合作业区段范围	行别包括:站内;上行;下行;上、下行;单线	维修等级包括:Ⅰ、Ⅱ	项目填写与作业内容一致	根据一体化主体专业填写:工务/电务/供电等。一般情况下填写工务	天窗类型包括:垂直、V形	上下行作业地点里程不一致时,按上、下行里程分别填写	一、格式:1. 需运行至异地站后进行作业时:作业前运行径路+作业后运行径路+作业时运行径路+轨道车信息。2. 在轨道车所在站作业时:使用轨道车在××站作业+轨道车信息。3. 轨道车从所在站进入区间时:轨道车进入区间(有行别时注明行别)作业。 二、轨道车信息格式:轨道车(含平车)编号+总重+总换长+CIR安装情况+各台车GYK型号+各台车GYK数据版本+自轮运转办年检合格证有效期+各台车(含平车)编组情况	作业内容+接触网停电影响范围(见附件8)	根据接触网停电情况填写	配合单位由配合车务段站、及配合设备管理单位组成	格式:××(负责人:职务+姓名+电话+号码)	
因与××段(局)当日××号施工(维修)计划冲突,××段(局)同意取消××号施工(维修)计划。新增××号施工(维修)计划。																	

附件 15

联合整治作业流程

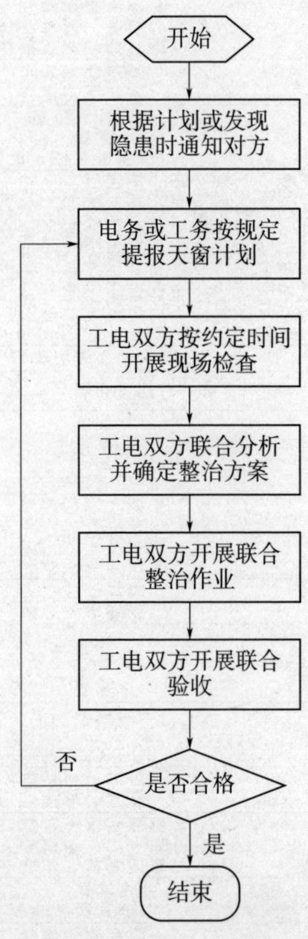

附件 16

高铁综合维修一体化应急处置常用备品清单
（电务专业）

材料名称	规格	单位	数量	备注	材料名称	规格	单位	数量	备注
移频测试仪、MF-14 型万用表		块	各 1		工具包		套	2	参照“高速铁路信号设备作业指导书”配齐工具
防护包	至少有口哨 1 个、红黄旗各 1 面、笔记本 1 本、笔 1 支、联系电话分机 1 台				钢钎	按实际填写	根	2	
尼龙绳	18 mm×20 m	根	1		发电机	1.2~1.5 kW	台	1	
空芯线圈	ZPW · XKD	台	1		内燃钻孔机钻头	9.8 mm、13.5 mm	支	各 5	
调谐匹配单元	ZPW · PT-1700	台	1		电动钻孔机	按实际填写	台	1	配备 9.8 mm、13.5 mm 钻头各 10 支
调谐匹配单元	ZPW · PT-2000	台	1		手用钢锯条	按实际填写	条	20	
调谐匹配单元	ZPW · PT-2300	台	1		雨衣	按实际填写	件	15	
调谐匹配单元	ZPW · PT-2600	台	1		黄马甲	按实际填写	件	15	
机械空芯线圈	ZPW · XKJD-1700	台	1		便携充电式作业灯	按实际填写	盏	2	
机械空芯线圈	ZPW · XKJD-2000	台	1		太阳伞	按实际填写	把	2	
机械空芯线圈	ZPW · XKJD-2300	台	1						
机械空芯线圈	ZPW · XKJD-2600	台	1						

续上表

材料名称	规格	单位	数量	备注	材料名称	规格	单位	数量	备注
地下电缆接续盒(冷封)	按实际填写	套	8	按数字电缆配	空扼流变压器	1 700/2 000(Hz)	根	2	区间用
压线钳	按实际填写	把	4		空扼流变压器	2 300/2 600(Hz)	台	1	区间用
带线排插	15 m	个	2		补偿电容	25 μF、60 μF、80 μF	个	各 5	
铝护套电缆应急接续盘(5 m)	16 芯、28 芯、37 芯、48 芯、61 芯	套	各 1	两端接万可端子	区间轨道电路引接线	按实际填写	套	3	长短为 1 套
手提电钻	按实际填写	台	1	配齐各种钻头	站内轨道电路引接线	按实际填写	套	4	长短为 1 套
钢轨接续线	900 mm、1 100 mm	根	各 10		跳线	1. 6 m、3. 6 m	根	各 5	
铜芯阻燃软线	7×0. 52	m	200		绞型花线	按实际填写	m	200	
镀锌铁线	3. 0 mm、1. 6 mm	kg	各 20		头灯	按实际填写	盏	4	
区间信号机点灯单元	按实际填写	台	3		信号灯泡	TX12-25/12-25	个	10	
发光盘	H、L、U	个	各 1	根据现场实际配置	信号机构	矮型 3 显示信号机	个	1	根据现场实际配置
钢轨绝缘	60 kg	套	2		电烙铁	75 W、200 W	把	各 2	

说明：1. 补偿电容每年测量 1 次，容量超标时更换；信号灯泡每 2 年更换 1 次；内燃、电动工具每月启动试验 1 次；仪表需要检查各挡位良好，确保电量。

2. 方向盒电缆盒、XB 箱、转辙机等，以及本表未明确的应急材料由各段根据实际补充。

（工务专业）

材料名称	规格	单位	数量	备注	材料名称	规格	单位	数量	备注
防护包	至少有口哨1个、红黄旗各1面、笔记本1本、笔1支	块	各1		普通绝缘夹板	P60	副	1	
活口扳手	450 mm	把	2		普通绝缘夹板螺栓	P60	颗	6	
内燃钻孔机	按实际填写	台	1		普通平垫圈	M24	个	12	
发电机	1.2~1.5 kW	台	1		普通夹板	P60	副	1	
钢钎	按实际填写	根	2		鼓包夹板	P60	副	1	
钢锯架	按实际填写	把	4		无损加固装置	P60	副	2	
手用钢锯条	按实际填写	条	20		异型夹板	P60-50	副	1	
雨衣	按实际填写	件	15		轨道电路回流线	70 mm	根	2	2 m
黄马甲	按实际填写	件	15		短枕木头	0.5 m	个	1	
便携充电式作业灯	按实际填写	盏	2		抬杠		根	5	
头灯	按实际填写	盏	4		斧头		把	1	
绝缘轨距杆		根	2		砍刀		把	2	
编织袋		扎	1		锤子	8磅	把	1	
箩筐		个	10		麻绳	12 mm	捆	1	
道尺					弦线				
钻眼机		台	1		撬棍		根	10	
锯轨机		台	1		内燃机动扳手		台	2	
起道机		台	3		拨道器		台	3	

（供电专业）

材料名称	规格	单位	数量	备注	材料名称	规格	单位	数量	备注
木桩	—	根	5		木板	—	块	5	
泥箕	—	个	5		铁桶	—	个	2	
砍刀	—	把	2		洋镐	—	把	2	
水泵(抽水机)	单相	台	1		胶皮管(水泵或抽水机水管)	—	m	≥20	
接地线		根	4		验电器	25 kV	个	2	
绝缘手套		副	4		绝缘靴		双	4	
安全帽		个	10		安全带		副	10	
防护信号旗		套	4		防护信号灯		个	2	
梯子	7~12 m	个	各1		棕绳		根	2	
人字梯		个	2		挂梯		个	各2	
攀支柱的脚扣	各种型号	副	4		断线钳	铜线、钢绞线	把	各2	
皮尺		个	2		水平尺及道尺		个	各2	
兆欧表	2 500 V	块	1		发电机、临时照明用灯具、电缆		套	2	
钢锯架		把	2		管钳		把	2	
大锤		把	2		压接钳		套	2	

附件 17

高速铁路综合维修一体化应急处置信息传递流程

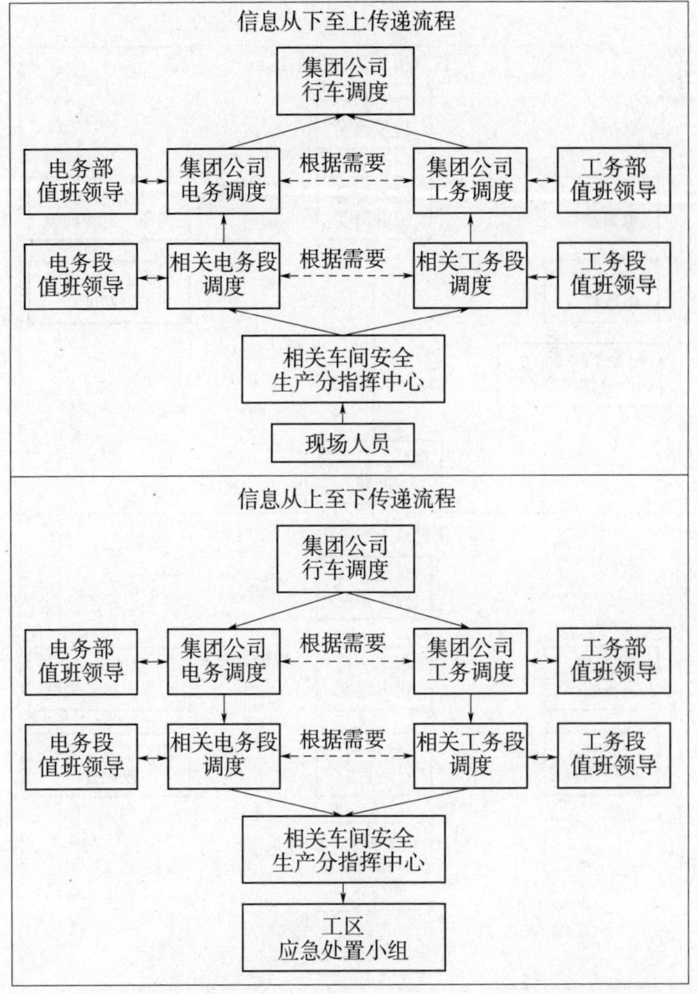

附件 18

高速铁路综合维修一体化应急处置信息传递流程

(供电专业)

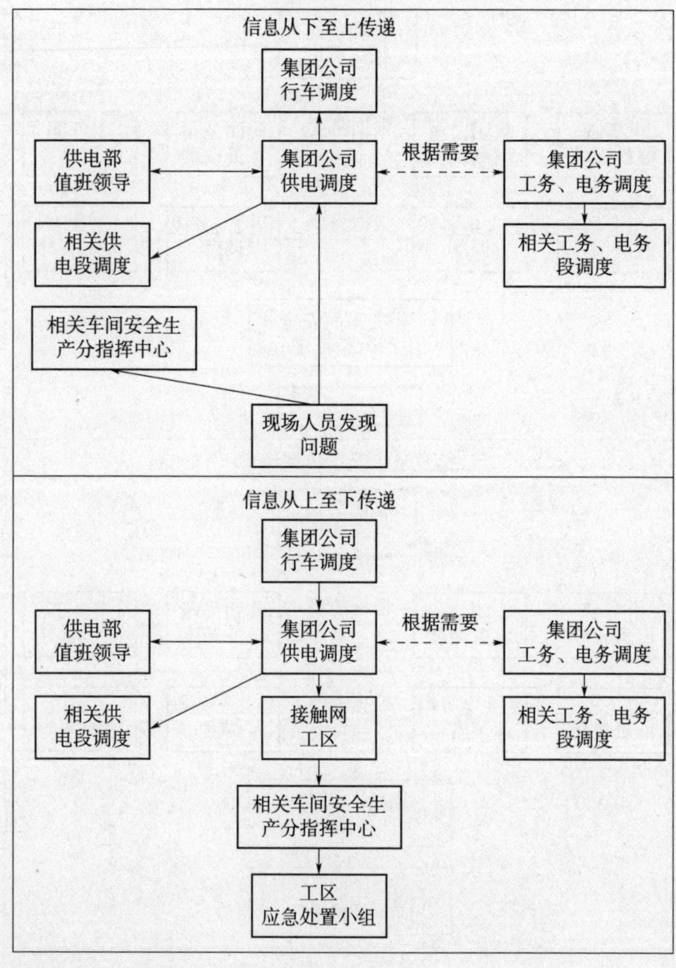

附件 19

高速铁路综合维修一体化应急处置流程

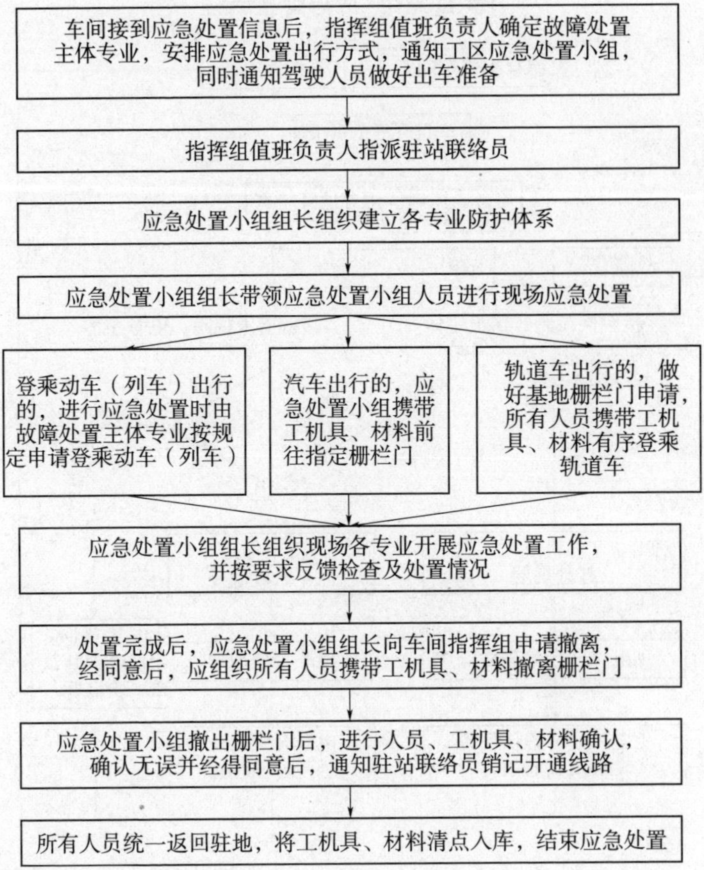

车间接到应急处置信息后，指挥组值班负责人确定故障处置主体专业，安排应急处置出行方式，通知工区应急处置小组，同时通知驾驶人员做好出车准备

↓

指挥组值班负责人指派驻站联络员

↓

应急处置小组组长组织建立各专业防护体系

↓

应急处置小组组长带领应急处置小组人员进行现场应急处置

↓

登乘动车（列车）出行的，进行应急处置时由故障处置主体专业按规定申请登乘动车（列车）	汽车出行的，应急处置小组携带工机具、材料前往指定栅栏门	轨道车出行的，做好基地栅栏门申请，所有人员携带工机具、材料有序登乘轨道车

↓

应急处置小组组长组织现场各专业开展应急处置工作，并按要求反馈检查及处置情况

↓

处置完成后，应急处置小组组长向车间指挥组申请撤离，经同意后，应组织所有人员携带工机具、材料撤离栅栏门

↓

应急处置小组撤出栅栏门后，进行人员、工机具、材料确认，确认无误并经得同意后，通知驻站联络员销记开通线路

↓

所有人员统一返回驻地，将工机具、材料清点入库，结束应急处置

附件 20

高速铁路综合维修一体化常见故障应急处置流程

1.“红光带”应急处置流程

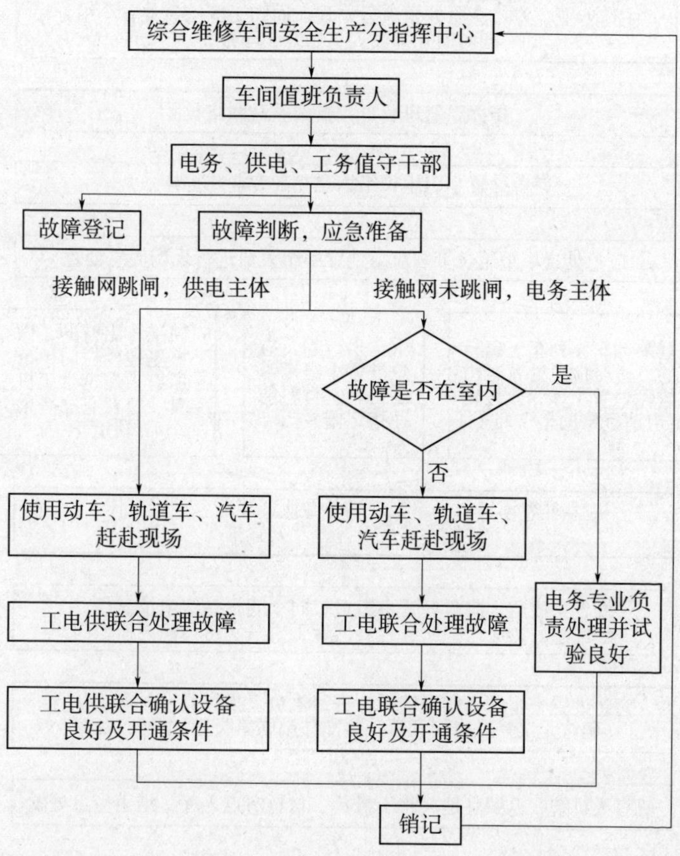

2. 道岔无表示应急处置流程

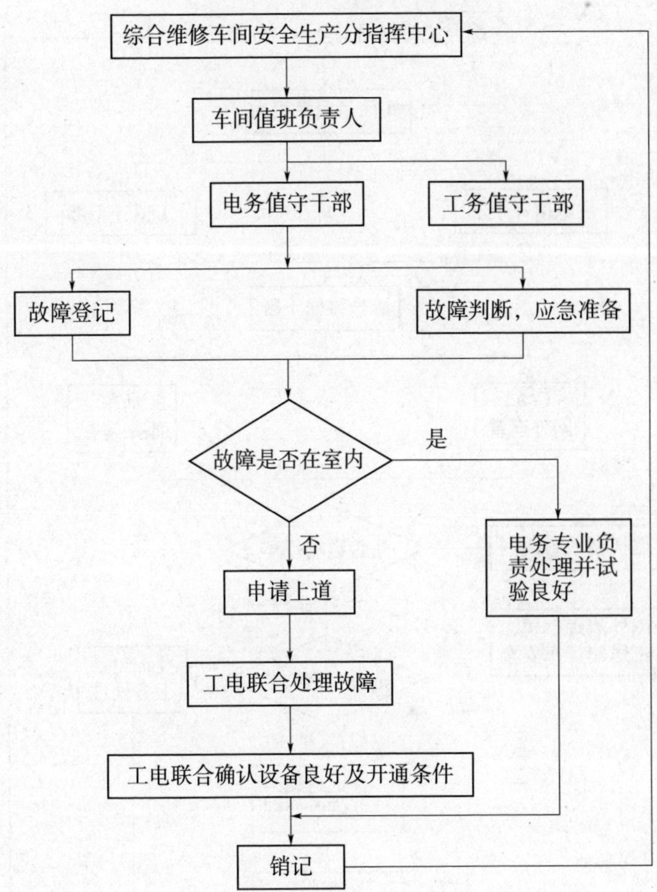

3. 倒树应急处置流程

综合维修车间安全生产分指挥中心
车间值班负责人
供电值守干部
工值守干部
综合维修工区
汽车
网外巡视
动车
添乘巡视
是否影响行车
否
倒树侵入封闭网
网外清理倒树，
不影响行车安全
是
是否影响供电
否
登记封锁
工务处理
是
登记封锁
供电停电处理
办理销记
开通线路

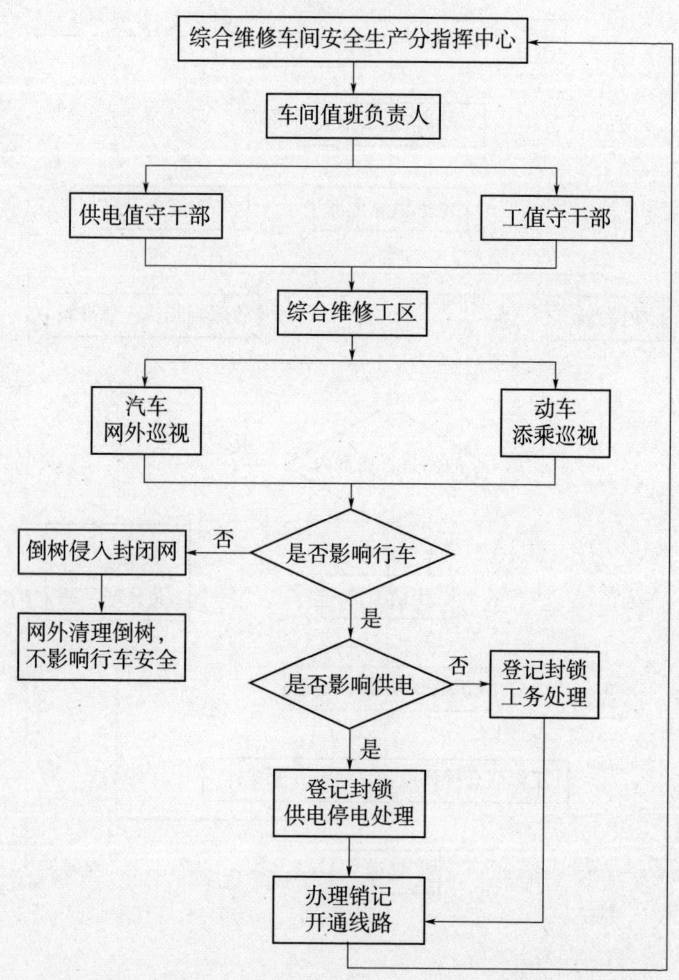

4. 水害抢险应急处置流程

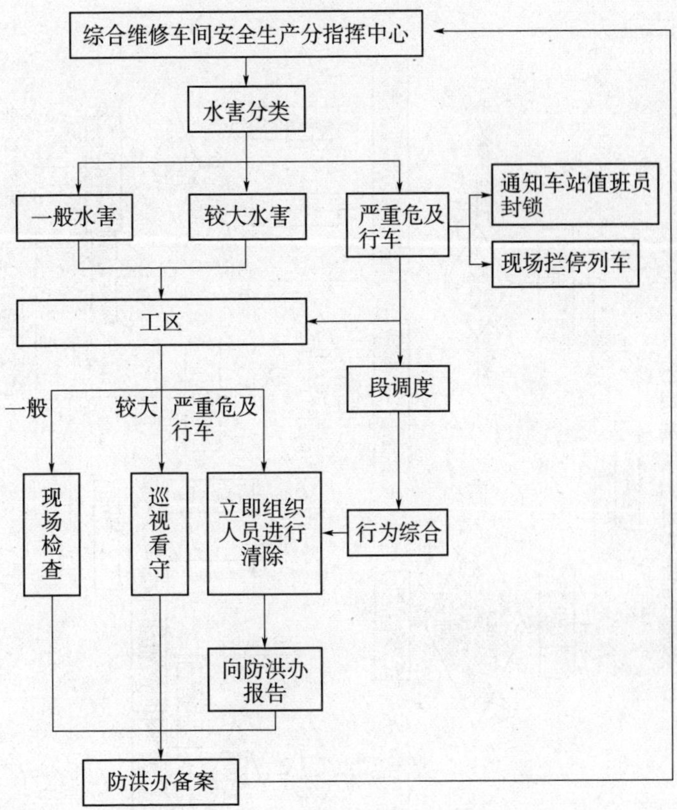

5. 接触网停电应急处置流程

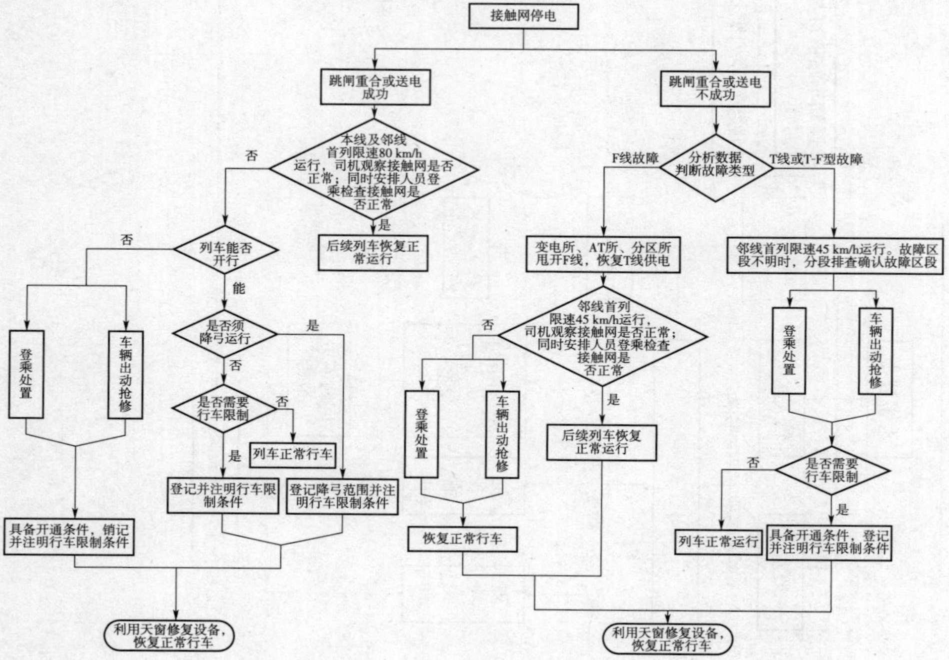

6. 接触网挂异物应急处置流程

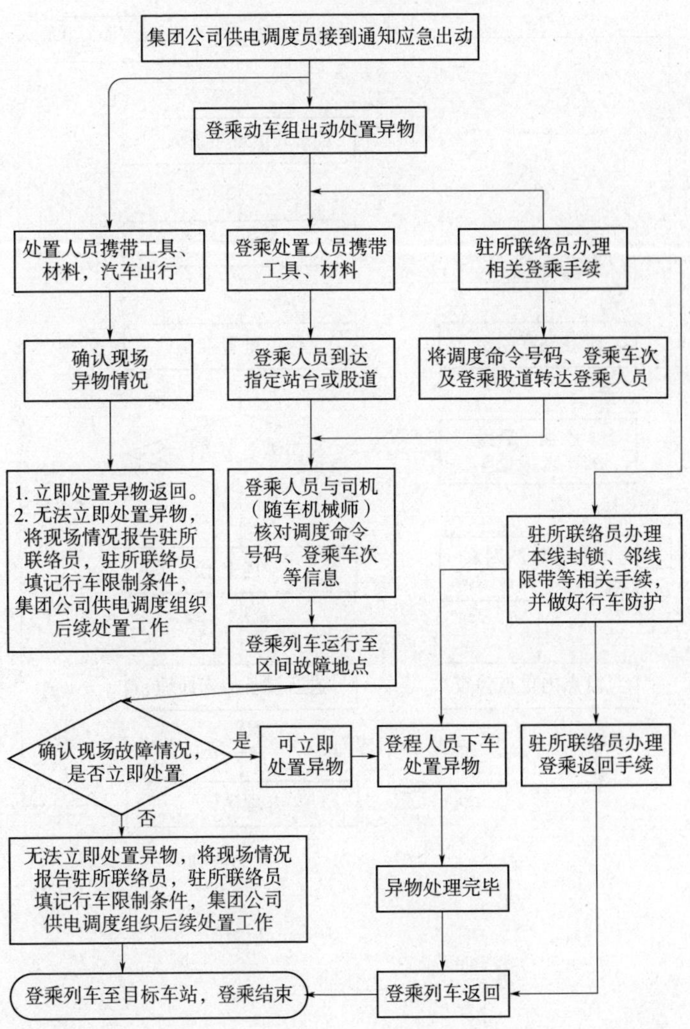

7. 司机在运行途中发现晃车

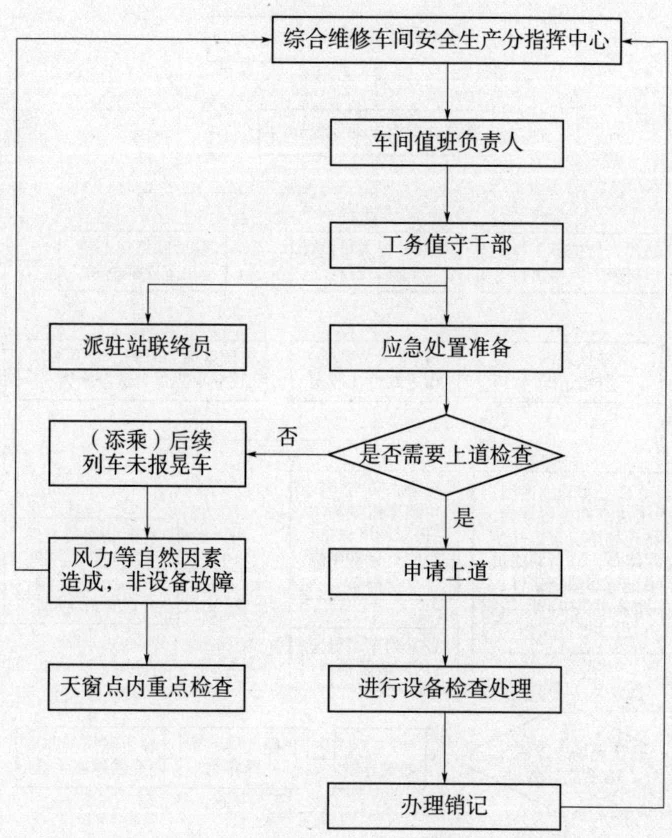

8. 栅栏进人(大牲畜)应急处置流程

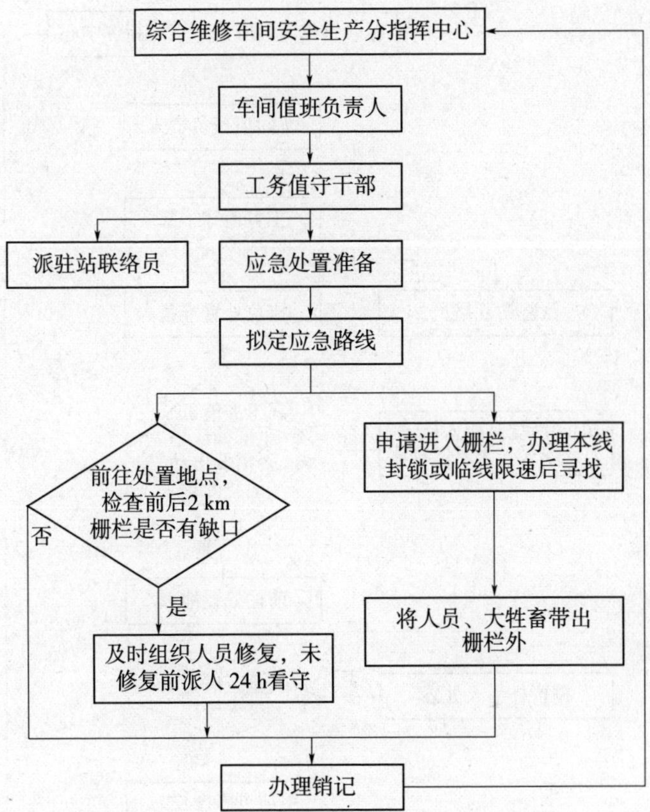

9. 沿线山火应急处置流程

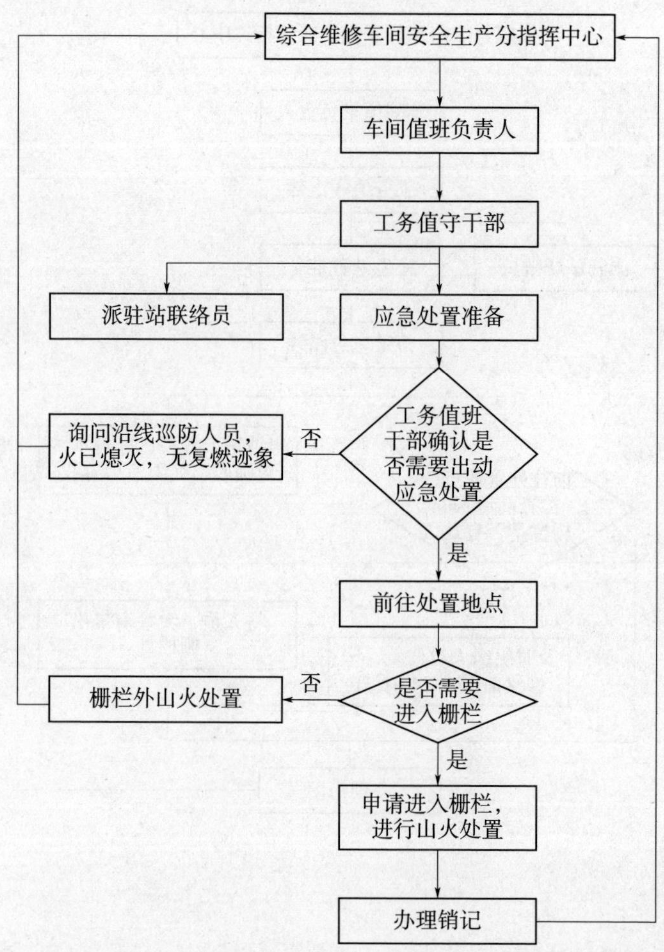

10. 动车撞异物应急处置流程

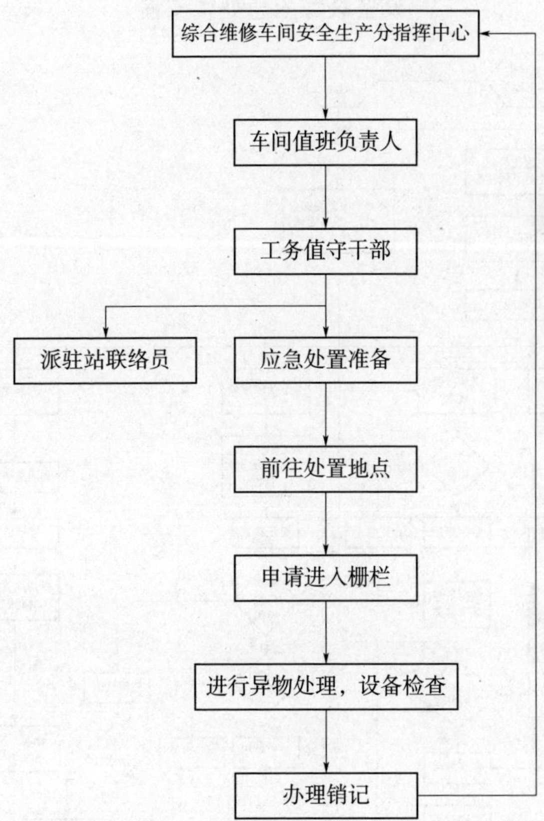

附件 21

设备故障应急处置流程

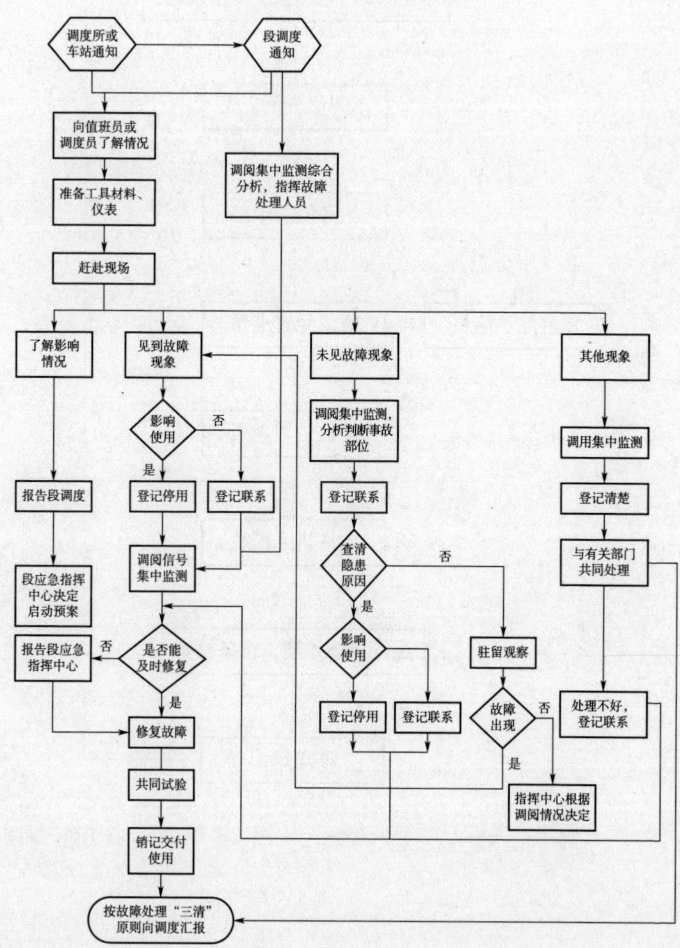

附件 22

电务专业“行车设备检查登记簿”登销记模板

1. 道岔定反位无表示

(1)电务确认行车限制条件登记格式(道岔故障暂不能修复)

月日	时分	检查试验结果,所发现的不良及破损程度
		××站××号道岔失去表示故障暂时不能修复,故障恢复前,××号道岔信号设备停用,进行故障处理。经××号道岔按无联锁办理行车
		电务:××

(2)电务修复设备销记格式(道岔故障修复,消除不良及破损的时分及盖章)

月日	时分	破损及不良的原因,采用何种办法进行修理的。工作人员及车站值班员盖章。
		经处置,××站××号道岔失去表示故障已修复,人员、机具已撤离(至安全地带),恢复正常使用
		电务:××

2. 道岔定位无表示

(1)电务确认行车限制条件登记格式(道岔故障暂不能修复)

月日	时分	检查试验结果,所发现的不良及破损程度
		××站 ××× 号道岔定位失去表示故障暂时不能修复,故障恢复前,××号道岔定位信号设备停用,进行故障处理。经××号道岔反位按正常办理行车,经××号道岔定位按无联锁办理行车。
		电务:××

(2)电务修复设备销记格式(道岔故障修复,消除不良及破损的时分及盖章)

月日	时分	破损及不良的原因,采用何种办法进行修理的。工作人员及车站值班员盖章
		经处置,××站××号道岔定位失去表示故障已修复,人员、机具已撤离(至安全地带),恢复正常使用
		电务:××

3. 道岔反位无表示

(1)电务确认行车限制条件登记格式(道岔故障暂不能修复)

月日	时分	检查试验结果,所发现的不良及破损程度
		××站××号道岔反位失去表示故障暂时不能修复,故障恢复前,××号道岔反位信号设备停用,进行故障处理。经××号道岔定位按正常办理行车,经××号道岔反位按无联锁办理行车。
		电务:××

(2)电务修复设备销记格式(道岔故障修复,消除不良及破损的时分及盖章)

月日	时分	破损及不良的原因,采用何种办法进行修理的。工作人员及车站值班员盖章
		经处置,××站××号道岔反位失去表示故障已修复,人员、机具已撤离(至安全地带),恢复正常使用
		电务:××

4. 上道作业登记格式

月日	时分	检查试验结果,所发现的不良及破损程度
		在××线××站××号道岔上行线××km××m 至××km××m 处上道作业,申请封锁上述地段,作业期间××线××站下行线××km××至××km××m 处限速××km/h
		电务:××

附件 23

工务专业“行车设备检查登记簿”登销记模板

登记模板:在××线××站(××号道岔××道)至××站间上(下)行线×× km×× m 至×× km×× m 处上道作业,申请封锁上述地段,作业期间××线××站(××道)至××站间上(下)行线×× km×× m 至×× km×× m 处限速×× km/h。

销记模板 1:××站(场、线路所)××号道岔工务设备正常(已经处置),人员、机具已撤离(至安全地带),可正常放行列车(经定(反)位正常放行列车,经反(定)位限速×× km/h)。

销记模板 2:经处置,××站(场、线路所)××号道岔定反位恢复正常速度行车。

附件 24

高速铁路"行车设备检查登记簿"登销记模板(电务)

(一)高速铁路站内轨道电路故障(站内"红光带"故障暂不能修复)

月日	时分	检查试验结果,所发现的不良及破损程度
		经检查,××线××站××道(××区段)轨道电路(闪现)红光带故障为××原因导致,故障恢复前,停用××道(××区段)轨道电路信号设备,经故障区段接车改引导信号(调度命令或人工引导);经故障区段发车按调度命令、绿色许可证、路票、半自动闭塞发车进路通知书发车;经故障区段调车按无联锁办理。××接近区段移频发码设备停用,信联闭塞设备正常使用,列车按地面信号显示运行
		××××××段:
		××时××分发布调度命令××号,自××时××分开通
		车站值班员(列车调度员):
注:1. 电务段印制并保管,红光带暂不能恢复具备放行列车条件时,填记交车站值班员(列车调度员)签认、粘贴。 2. 不用字句抹销。		

1. 电务确认行车限制条件登记格式

(1)"红光带"故障暂不能修复,未明确是电务原因,工务未签认不断轨时。

月日	时分	检查试验结果,所发现的不良及破损程度
		××线××站××轨道区段红光带故障恢复前,××轨道区段信号设备停用,进行故障处理
		电务:××

(2)“红光带”故障暂不能修复,未明确是电务原因时,工务签认不断轨时。

月日	时分	检查试验结果,所发现的不良及破损程度
		××线××站××轨道区段红光带故障恢复前,××轨道区段信号设备停用,进行故障处理。××进站信号机引导(凭调度命令)接车;××、××出站信号机引导(凭调度命令)发车
		电务:××

(3)“红光带”故障暂不能修复明确是电务原因时,电务确认行车限制条件登记。

月日	时分	检查试验结果,所发现的不良及破损程度
		××线××站××轨道区段轨道电路红光带故障为××××原因导致,故障恢复前,××轨道区段信号设备停用,进行故障处理。××进站信号机引导(凭调度命令)接车;××、×××出站信号机引导(凭调度命令)发车
		电务:××

2. 上道作业申请登记格式

月日	时分	检查试验结果,所发现的不良及破损程度
		因×××××原因,电务人员须进入栅栏在××线××站××轨道区段上行线××km××m 至××km××m 处上道作业,申请封锁上述地段,作业期间××线××站下行线××km××m 至××km××m 处限速××km/h
		电务:××

3.“红光带”故障电务修复设备销记格式(消除不良及破损的时分及盖章)

月日	时分	破损及不良的原因,采用何种办法进行修理的。工作人员及车站值班员盖章
		经处置,××线××站××轨道电路(闪现)红光带故障已恢复,电务设备恢复正常使用
		电务:××

(二)高速铁路区间轨道电路故障(区间“红光带”故障暂不能修复)

月日	时分	检查试验结果,所发现的不良及破损程度
		1. 经检查,××线××站至××站间××线××闭塞分区轨道电路(闪现)红光带故障为××原因导致,故障恢复前,停用××闭塞分区轨道电路信号设备,按通过信号机故障办理行车,××线××站至××站间××线扣停列车,须逐列确认列车至前方站空闲后,逐列恢复运行至前方站。确认区间空闲后,改按站间或电话闭塞法组织行车。____站________________出站信号机____方向凭调度命令(绿色许可证、路票、半自动闭塞发车进路通知书)发车。 2. ××线故障闭塞分区通过信号机(标志牌)号码:××,闭塞分区里程:××km××m 至××km××m。 3. ××线故障闭塞分区通过信号机(标志牌)号码:××,闭塞分区里程:××km××m 至××km××m
		××段:
		××时××分发布调度命令××号,自××时××分开通
		车站值班员(列车调度员):
注:1. 电务段印制并保管,红光带暂不能恢复具备放行列车条件时,填记交车站值班员(列车调度员)签认、粘贴。 2. 多个分区同时出现红光带时,将分区名称全部填写,里程须涵盖红光带闭塞分区。 3. 不用字句抹销。		

1. 电务确认行车限制条件登记格式

(1)“红光带”故障暂不能修复,未明确是电务原因,工务未签认不断轨时,电务确认行车限制条件登记格式。

月日	时分	检查试验结果,所发现的不良及破损程度
		1. ××线××站至××站间上行线××闭塞分区轨道电路红光带故障恢复前,××轨道区段信号设备停用,进行故障处理。 2. 故障闭塞分区通过信号机(标志牌)号码及里程:闭塞分区号码:××,里程:××km××m 至××km××m
		电务:××

(2)“红光带”故障暂不能修复,未明确是电务原因时,工务签认不断轨时,电务确认行车限制条件登记格式。

月日	时分	检查试验结果,所发现的不良及破损程度
		1. ××线××站至××站间上行线××闭塞分区轨道电路红光带故障恢复前,按信号机故障办理行车;××线××站至××站间上行线须逐列确认列车至前方站空闲后,逐列恢复运行至前方站,确认区间空闲后,改按站间掌握行车。 2. 故障闭塞分区通过信号机(标志牌)号码及里程: 闭塞分区号码:××,里程:××km××m 至××km××m
		电务:××

(3)“红光带”故障暂不能修复,明确是电务原因时,电务确认行车限制条件登记格式。

月日	时分	检查试验结果，所发现的不良及破损程度
		1. ××线××站至××站间上行线××闭塞分区轨道电路红光带故障为××原因导致，故障恢复前，××轨道区段信号设备停用，进行故障处理，按信号机故障办理行车；××线××站至××站间上行线须逐列确认列车至前方站空闲后，逐列恢复运行至前方站，确认区间空闲后，改按站间掌握行车。 2. 故障闭塞分区通过信号机（标志牌）号码及里程：闭塞分区号码：××，里程：××km××m 至××km××m
		电务：××

2. 上道作业登记格式。

月日	时分	检查试验结果，所发现的不良及破损程度
		因××原因，电务需进入栅栏在××线××站至××站间上行线××km××m 至××km××m 处上道作业，申请封锁上述地段，作业期间××线××站至××站间下行线××km××m 至××km××m 处限速××km/h
		电务：××

3. “红光带”故障电务修复设备销记格式（消除不良及破损的时分及盖章）。

月日	时分	破损及不良的原因，采用何种办法进行修理的。工作人员及车站值班员盖章
		经处置，××线××站至××站间上行线××闭塞分区轨道电路红光带故障已修复，电务设备恢复正常使用
		电务：××

附件 25

工务专业“红光带”应急处置流程

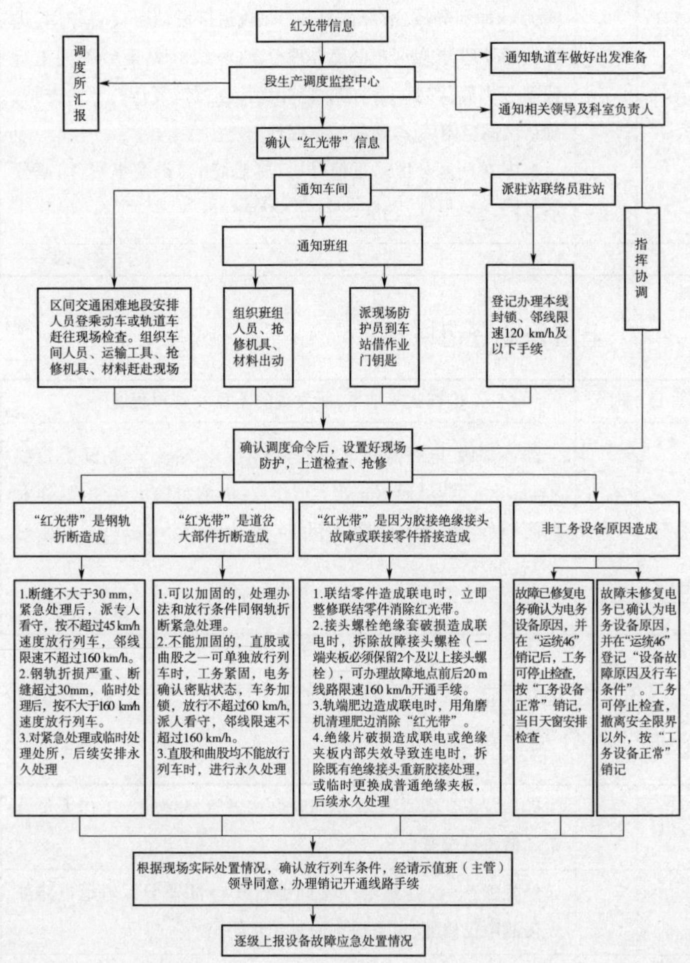

附件 26

高速铁路“行车设备检查登记簿”登销记模板(工务)

(1)上道申请:在　　线　　站(　　道岔　　道)至　　站间上(下)行线　　km　　m至　　km　　m处上道作业,申请封锁上述地段,作业期间　　站(　　道)至　　站间上(下)行线　　km　　m至　　km　　m处限速　　km/h。

(2)销记模板(检查发现设备无异常):　　线　　站(　　道　　轨道区段)至　　站间上(下)行线　　闭塞分区(　　km　　m至　　km　　m)处红光带轨道区段工务设备正常(已经处置),人员、机具已撤离(至安全地带),可正常(第一列限速____km/h)放行列车。

(3)(如检查发现红光带为断轨登记):在　　线　　站(　　道岔　　道)至　　站间上(下)行线,检查发现　　km　　m断轨,申请上(下)线　　km　　m至　　km　　m封锁,上道处置,上(下)线　　km　　m至　　km　　m限速　　km/h。

(4)(检查发现断轨处置完毕销记):在　　线　　站(　　道　　轨道区段)至　　站间上(下)行线　　闭塞分区(　　km　　m至　　km　　m),　　km　　m处断轨,经处置,人员、机具已撤离(至安全地带),上(下)行线　　km　　m至　　km　　m限速　　km/h放行列车(恢复正常行车),上(下)行线　　km　　m至　　km　　m限速　　km/h放行列车(恢复正常行车)。

注意:如红光带检查设备无异常登销记(1)、(2)即可,如检查发现断轨导致红光带需登销记(1)、(3)、(4)。